CAMBRIDGE LIBRARY COLLECTION

Books of enduring scholarly value

Linguistics

From the earliest surviving glossaries and translations to nineteenth-century academic philology and the growth of linguistics during the twentieth century, language has been the subject both of scholarly investigation and of practical handbooks produced for the upwardly mobile, as well as for travellers, traders, soldiers, missionaries and explorers. This collection will reissue a wide range of texts pertaining to language, including the work of Latin grammarians, groundbreaking early publications in Indo-European studies, accounts of indigenous languages, many of them now extinct, and texts by pioneering figures such as Jacob Grimm, Wilhelm von Humboldt and Ferdinand de Saussure.

Voyage à Itaboca et à l'Itacayuna

Henri Coudreau (1859–99) was one of the greatest explorers of the nineteenth century. Highly regarded in his own time as a thoroughly modern expedition leader, he did much of his work on behalf of the French colonial authorities in South America. However, towards the end of his life he undertook several expeditions for the Brazilian government of the state of Para. This book describes his fourth such journey, during the summer of 1897. Coudreau's objective was to study the Cachoeiras de Itaboca (waterfalls) and the river Itacayuna to find out whether they could be made navigable to steamships in order to connect this region with Para and other parts of Brazil. With 76 illustrations and 40 maps, this 1898 publication was the most extensive description of the region then available. It includes weather records and lists the altitudes of key locations and the distances between them.

Cambridge University Press has long been a pioneer in the reissuing of out-of-print titles from its own backlist, producing digital reprints of books that are still sought after by scholars and students but could not be reprinted economically using traditional technology. The Cambridge Library Collection extends this activity to a wider range of books which are still of importance to researchers and professionals, either for the source material they contain, or as landmarks in the history of their academic discipline.

Drawing from the world-renowned collections in the Cambridge University Library, and guided by the advice of experts in each subject area, Cambridge University Press is using state-of-the-art scanning machines in its own Printing House to capture the content of each book selected for inclusion. The files are processed to give a consistently clear, crisp image, and the books finished to the high quality standard for which the Press is recognised around the world. The latest print-on-demand technology ensures that the books will remain available indefinitely, and that orders for single or multiple copies can quickly be supplied.

The Cambridge Library Collection will bring back to life books of enduring scholarly value (including out-of-copyright works originally issued by other publishers) across a wide range of disciplines in the humanities and social sciences and in science and technology.

Voyage à Itaboca et à l'Itacayuna

1er juillet 1897–11 octobre 1897

Henri Anatole Coudreau

Cambridge
University Press

CAMBRIDGE UNIVERSITY PRESS

Cambridge, New York, Melbourne, Madrid, Cape Town, Singapore,
São Paolo, Delhi, Dubai, Tokyo

Published in the United States of America by Cambridge University Press, New York

www.cambridge.org
Information on this title: www.cambridge.org/9781108006927

This edition first published 1898
This digitally printed version 2009

ISBN 978-1-108-00692-7 Paperback

VOYAGE

A

ITABOCA ET A L'ITACAYUNA

DU MÊME AUTEUR

La France équinoxiale, 2 vol. in-8 et Atlas; Challamel, Paris.

Vocabulaire Méthodique des langues Ouayana, Aparaï, Oyampi, Emerillon; 1 vol. in-8, Maisonneuve, Paris.

Chez nos Indiens, 1 fort vol. in-8, carte et 98 gravures; Hachette, Paris.

Atlas du Nord. Amazone, de Pará à Cayenne, 1/250 000e; 1 vol. in-folio, 18 cartes; Auteur.

Voyage au Tapajoz, 1 vol. in-4, illustré de 37 vignettes et d'une carte; Lahure, Paris.

Voyage au Xingú; 1 vol. in-4, illustré de 68 vignettes et d'une carte; Lahure, Paris.

Voyage au Tocantins-Araguaya, 1 vol. in-4, illustré de 87 vignettes et d'une carte; Lahure, Paris.

37361. — Imprimerie Lahure, rue de Fleurus, 9, Paris.

HENRI COUDREAU

VOYAGE

À

ITABOCA ET A L'ITACAYUNA

1er juillet 1897 — 11 octobre 1897

OUVRAGE ILLUSTRÉ DE 76 VIGNETTES

ET DE 40 CARTES

PARIS

A. LAHURE, IMPRIMEUR-ÉDITEUR

9, RUE DE FLEURUS, 9

1898

VOYAGE

A

ITABOCA ET A L'ITACAYUNA

CHAPITRE PREMIER

M. Lauro Sodré et M. Paes de Carvalho : nouveaux voyages. — Cachoeiras de Itaboca et Rivière Itacayuna. — Sondages au Travessão de Patos. — En egaritea en amont de Alcobaça. — LES CACHOEIRAS DE ARUMATHEUA. — *Travessão do Arroio.* — *Travessãos do Cavalleiro* et *do Cavalleirinho.* — *Guariba* (*Guaribinho* et *Guaribão*). — *Canaux Vida Eterna* et *Tacuary.* — *Travessãos da Capucrana* et *da Capucraninha.* — *Canal do Guariba.* — *Furo da Magdalena.* — *Cachoeira da Cruz.* — *Cachoeira do Tucumanduba* et *Travessão do Bréo Branco.* — *Travessão do Arapary.* — *Travessão do Corréinho.* — Fin des Cachoeiras de Arumatheua. — *Travessão do Remansinho* et *Travessão do Remansão.*

Le nouveau gouverneur de l'État de Pará, M. Paes de Carvalho, ayant décidé de me faire continuer les investigations géographiques dont son prédécesseur, M. Lauro Sodré, aujourd'hui sénateur fédéral, m'avait confié le service, nous allons poursuivre l'œuvre, ininterrompue, décrétée le 17 juillet 1895 et commencée onze jours après, le 28 du même mois.

Après le *Voyage au Tapajoz*, du 28 juillet 1895 au 7 janvier 1896, le *Voyage au Xingú*, du 30 mai 1896 au 26 octobre 1896, et le *Voyage au Tocantins-Araguaya,* du 31 décembre 1896 au 23 mai 1897, j'entreprends, le 1er juillet, ma QUATRIÈME MISSION PARAENSE.

Nous allons, cette fois, faire une étude détaillée des *Cachoeiras de Itaboca,* et explorer la *Rivière Itacayuna,* affluent de gauche du Tocantins, débouchant dans cette rivière à une petite distance en amont du Burgo Agricola de Itacayuna.

Nous partons cinq : moi, ma femme et trois canotiers, deux que je garde depuis le voyage du Xingú et un qui est récemment parti de cette dernière rivière pour venir me trouver ici.

Nous laissons derrière nous le si paisible nid de verdure que des amis m'ont trouvé, Estrada São João.

On embarque le 2 juillet, à neuf heures du matin, à bord du *General Jardim.* M. Leão Egydio de Salles, secrétaire général du gouvernement, nous accompagne jusqu'à bord. M. H. Girard, photographe, et M. Juvenal Tavares, homme de lettres, font le voyage avec nous jusqu'au point où atteindra le vapeur.

3. — Nous nous réveillons à CAMETÁ, où un amical autant que discret télégramme, venu de Pará, nous a devancés, nous apportant un affectueux souhait de bon voyage.

A Cametá, où nous descendons, une rapide excursion à travers la ville suffit pour nous étonner de la lenteur de développement de cette petite cité, déjà ancienne et qui paraît, pourtant, présenter les plus sérieuses conditions de prospérité.

Dimanche 4. — A neuf heures du matin, nous visitons, à MOCAJUBA, M. le sénateur Moreira.

La petite ville de Mocajuba s'étend, propre et coquette, sur une berge élevée dominant de quelques mètres les grandes crues du Tocantins. C'est un des endroits les plus salubres de la région, un de ceux où, nécessairement, la colonisation se portera.

Après un arrêt de une heure et demie, dans l'après-midi, à BAIÃO, nous arrivons le lendemain matin à l'habitation appelée *Santa Maria do Xininga,* rive gauche. C'est ensuite l'habitation (*sitio*) de *Catinga,* rive droite, puis celle de *Santa Clara de Jutahy,* même rive.

Patos, rive droite, à une petite distance en amont du travessão du même nom, est une petite agglomération d'une demi-douzaine de casas ou barracas.

Le commandant du *General Jardim,* M. Jeremias Guimaraens, fait sonder au canal du Travessão de Patos où il trouve, aux eaux déjà basses de cette saison, un minimum de 5 mètres. Il n'y a plus qu'à baliser le canal.

Que des travaux d'aménagement soient faits jusqu'à Areão, au pied des Cachoeiras de Itaboca, et les vapeurs pourront remonter jusque-là. Areão, — Areão Velho, côté du canal entre l'Ilha do Bandeira et l'Ilha do Tocantins, — ne peut pas d'ailleurs manquer d'être bientôt le terminus de la navigation à vapeur au Bas Tocantins, en attendant que, poursuivant l'œuvre, de nouveaux travaux établissent la possibilité de la navigation à vapeur ininterrompue de Pará à la Haute Araguaya au moyen de bateaux appropriés.

Dans l'après-midi, nous passons le sitio de Jacucuara, rive droite, et à cinq heures du soir, nous arrivons à *Alcobaça*, aujourd'hui à peu près abandonné depuis la récente cessation des travaux de l'entreprise du chemin de fer.

Sitôt arrivés à Alcobaça nous en repartons, le 6 à midi, passant directement du vapeur dans mon egaritea, amenée à la remorque. Et le voyage d'Itaboca-Itacayuna commence immédiatement.

Par la pluie. Le ciel est de plomb et l'eau d'un vert livide. Un violent orage éclate dans la partie orientale du ciel, d'où se déchaîne soudain un vent impétueux. C'est la trovoada, froide et sinistre. Nous entrons dans l'Igarapé Caraïpé, où nous laissons passer la tempête et la journée.

7. — Nous partons aux premiers feux du soleil levant. Les plages et les saranzals sont dehors, la rivière présente un autre aspect, plus pittoresque, plus gai. La matinée, claire et silencieuse, est d'une indicible douceur.

Le soir, nous arrivons en face d'Arumatheua, chez mon pilote Raymundo Teixeira, qui m'accompagne d'ailleurs depuis Patos, où il était venu m'attendre avec ses hommes.

Le 8 et le 9, nous procédons au chargement de l'egaritea, et, le 10, nous partons pour Itaboca au moment où je reçois, écrits en bon français, les souhaits de bon voyage du notable commerçant d'en face, M. Mundico Rocha.

Nous voici aux premiers travessãos des CACHOEIRAS DE ARUMATHEUA.

C'est d'abord le Travessão do Arroio, moyen.

Puis le Travessão do Cavalleiro, sensiblement plus fort.

Nous passons ce travessão par la partie appelée *Cavalleirinho*, ainsi nommée parce que cette partie est plus étroite que l'autre, le Cavalleiro proprement dit, où la cachoeira se décompose en divers mouvements d'eau ou sous-travessãos qu'il est, non pas plus difficile, mais plus long de franchir que l'unique brèche du Cavalleirinho. Au Cavalleirinho, on peine même parfois un peu plus, mais on a des chances d'être débarrassé, d'un seul coup, de toute la cachoeira. Le

Henri Coudreau et Mme Henri Coudreau.

Cavalleiro se trouve du côté de la rive droite et le Cavalleirinho du côté de la partie centrale de la rivière, accosté aux « pedrarias » de l'îlot du Guariba.

Le Cavalleirinho n'est pas toujours utilisable; à certaine hauteur des eaux d'étiage, le courant, accru, se fait tellement puissant dans la brèche de la cachoeira, faisant alors presque saut, que les egariteas, même complètement déchargées, ni même les montarias ne peuvent plus lutter contre le poids et la force des eaux de chute de la brèche, et qu'il faut nécessairement passer par le canal, plus large, du Cavalleiro, où on s'arrange toujours à trouver un chemin.

La brèche du Cavalleirinho, qui a environ 3 mètres de largeur, mesure actuellement environ 70 centimètres à pic. Il nous a fallu, pour passer, décharger notre egaritea d'une façon absolument complète.

De l'autre côté de l'Ilot do Guariba, les cachoeiras se continuent. C'est d'abord l'ensemble de ce qu'on appelle le Guariba, composé de *Guaribinho*

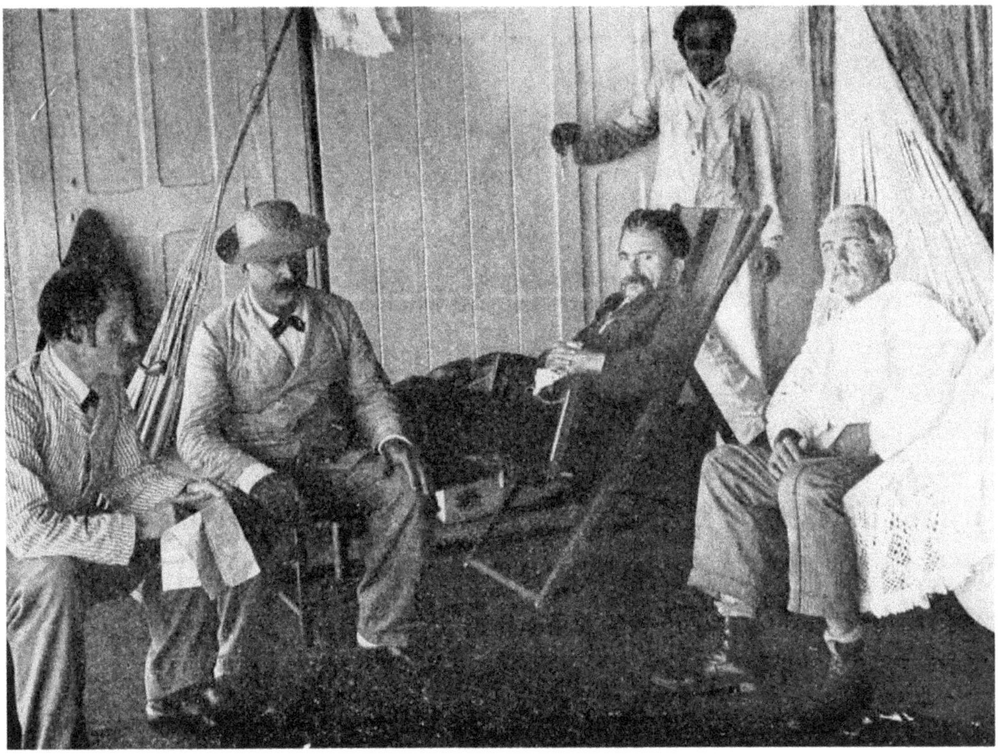

A bord du *General Jardim*.

en amont, et de *Guaribão* en aval, séparés par un petit îlot rocheux. Le Guariba n'est redoutable que l'hiver, le rebujo qui s'y produit est alors assez puissant et passablement dangereux; toutefois, même aux plus grosses eaux, les egariteas, et à plus forte raison les botos, n'hésitent pas à s'y risquer. Mais ce n'est qu'aux basses eaux de l'été qu'on peut tenter, sans péril, de le passer en montaria; maintenant, par exemple, la cachoeira est médiocre et le rebujo ne se manifeste même pas.

Au delà de *Guariba*, le travessão qui commence, rive droite, par *Cavalleiro* et *Cavalleirinho*, se continue, vers la rive gauche, par le *Canal da Vida Eterna* et les travessãos de *Capuerana* et de *Capueraninha* : ces deux derniers, canaux d'hiver sur les pentes basses des grandes plages de cette région.

C'est le *Canal da Vida Eterna*, dont la partie inférieure, à la sortie d'Arumatheua vers l'amont, est appelée *Canal Tacuary*, qui est ici la partie relativement libre de la rivière. Ce canal présente, été comme hiver, des rebujos plus ou moins forts; mais ce qui constitue l'avantage particulier du canal et qui en fait le chemin tout indiqué des vapeurs, est que Tacuary et Vida Eterna, dans leur lit rétréci, présentent toujours, même au fort de l'étiage, suffisamment d'eau pour les vapeurs spéciaux qui conviendraient à la navigation estivale du Tocantins-Araguaya. Le CANAL TACUARY en aval, puis le CANAL DA VIDA ETERNA, puis le CANAL DO TUCUMANDUBA, constituent la section aval du canal libre des Cachoeiras d'Arumatheua, canal que les barques ne peuvent pas toujours utiliser sans péril à cause de la force de ses rebujos, mais où la navigation à vapeur pourrait sans doute, en brisant quelques roches dangereuses qui occasionnent de forts rebujos, s'assurer une voie permanente.

Mais ce n'est pas ce canal, aux courants trop puissants pour notre egaritea, que nous suivrons pour remonter la rivière; au-dessus de Cavalleirinho, nous prenons par le *Canal do Guariba* qui longe la terre ferme de rive droite.

12. — Nous avons dormi au bas de la CACHOEIRA DA CRUZ, que nous allons passer ce matin.

Devant nous, à notre gauche, accosté à la terre ferme de rive droite, est le *Furo da Magdalena*, entre l'île du même nom et la terre ferme. Ce furo présente, paraît-il, des travessãos à pic aussi dangereux que difficiles. Il n'existe encore sur ses bords aucune habitation permanente, seulement des baraques de ramasseurs de castanhas, habitées seulement au temps de la récolte.

L'entrée (aval) du Furo da Magdalena présente maintenant l'aspect d'un grand « pedral » coupé de maigres canaux. Si l'eau basse de l'heure actuelle s'élevait seulement de 1 mètre, toutes ces pierres et les petits buissons bas qui les recouvrent seraient complètement au fond. Pour passer la Cachoeira da Cruz, il nous a fallu alléger l'egaritea. On a passé les bagages par la rive droite, longeant, dans la végétation broussailleuse des pierres, la forêt qui domine.

La Cachoeira da Cruz, dans le pedral maintenant découvert où végètent des buissons rabougris, présente *deux travessãos*, *celui d'aval* médiocre, *celui d'amont* un peu plus fort. Nous avons déjà passé, un peu en aval, le *Rebujo da Cruz*, périlleux l'hiver, très faible l'été.

C'est seulement après avoir passé les deux travessãos de la Cachoeira da Cruz que nous traversons, à son extrémité septentrionale, le Furo da Magdalena, qui ferme presque complètement en cet endroit un saranzal assez fourni dans lequel l'eau coule en long rapide.

En ce moment, toute cette partie du Furo da Magdalena, toute la rivière en face, apparaissent comme un large torrent aux eaux partout frangées de rides ou de sillons d'écume blanche entre les îles vertes et le pedral gris.

13. — Nous passons, sans encombre, la Cachoeira do Tucumanduba, tirant l'egaritea à la corde le long des saranzals. Le « canal » est plus rapproché de l'Ilha do Tucumanduba que de la rive gauche. Les mouvements d'eau sont forts, sans toutefois faire *rebujo*; les fonds sont suffisants.

Ce que j'avais appelé, dans mon dernier voyage, d'après mon pilote Raymundo Teixeira, « *Travessão do Bréo Branco* », n'est, en réalité, que la partie amont de la Cachoeira do Tucumanduba. Tous ces travessãos se succédant sans interruption en amont du Travessão do Cupim, rive gauche, l'Ilha do Tucumanduba s'étendant à peu près tout le long de l'ensemble de la cachoeira, il est plus logique de garder le nom de « *Cachoeira do Tucumanduba* » pour tout l'ensemble de la cachoeira qui s'étend entre le petit centre du Bréo Branco et le Travessão do Cupim.

14. — Du Porto do Cinzeiro où nous avons dormi, rive gauche, centre d'exploitation de castanha délaissé cette année, nous partons pour aller passer le Travessão do Arapary.

Le Travessão do Arapary est maintenant assez fort du côté de la rive gauche. Nous prenons par la rive droite, nous poussant, dans les courants affaiblis du travessão, au-dessus de grandes roches plates où les varas glissent souvent. Le « canal » est entre la terre ferme de la rive droite et les îles du milieu de la rivière.

15. — Nous partons de la Ponta do Cocal, où nous avons passé hier l'après-midi, à la demande de mon pilote qui, ayant sa baraque parmi celles

de la petite agglomération, désirait y prendre quelques dispositions avant de poursuivre le voyage.

Le Travessão do Corréinho, que nous passons à la vara et qui est assez dur sans être très fort, est situé à l'amont du *Canal do Corréinho*, espèce de furo entre les îles et la terre ferme de rive gauche.

Cachoeira da Cruz.

Le Travessão do Corréinho est le dernier, d'aval en amont, de l'ensemble de cachoeiras et de travessãos connu sous le nom de CACHOEIRAS DO ARUMATHEUA, section de cachoeiras *dont la limite peut être donnée, en aval, à Arumatheua et, en amont, à l'igarapé de rive gauche appelé Pucuruhy Grande*, igarapé dont le confluent est à une petite distance en amont du Travessão do Corréinho.

En amont des Cachoeiras de Arumatheua, un assez grand espace libre s'étend entre ces cachoeiras et les Cachoeiras de Itaboca, de l'Igarapé Pucuruhy Grande à l'Igarapé do Remansinho.

Les CACHOEIRAS DE ITABOCA, bien qu'on les fasse généralement commencer à Areão ou au Porto do Arrependido, *commencent*, si l'on veut, *à*

Mme Coudreau, en costume de voyage.

l'Igarape do Remansinho pour se terminer à l'Igarapé do Jacundasinho, à la sortie, d'aval en amont, du Canal do Capitaricuara.

Nous nous conformerons à cette division plus logique quand nous traiterons, en récapitulation, des Cachoeiras de Arumatheua et des Cachoeiras de Itaboca.

16. — Nous passons, sans notables difficultés, le TRAVESSÃO DO REMANSINHO, puis le TRAVESSÃO DO REMANSÃO, travessãos qui, si l'on veut, appartiennent déjà au système des Cachoeiras de Itaboca.

Parmi les petites îles et les saranzals, nous cherchons notre chemin à la vara dans les courants dont les fonds d'étiage vont chaque jour s'abaissant.

Le canal navigable est maintenant constamment rive droite, décrivant quelques courbes entre les rochers.

Le furo entre l'Ilha do Tocantins et la terre ferme de rive droite sèche beaucoup l'été, au point de ne plus donner, dès maintenant, passage qu'aux montarias.

Immédiatement au-dessus, c'est Areão et l'Ilha do Bandeira, d'où se poursuivent, ininterrompus, les travessãos du système des Cachoeiras de Itaboca.

CHAPITRE II

LES CACHOEIRAS DE ITABOCA. — Les deux Areão. — Le canal entre l'Ilha do Bandeira et l'Ilha do Tocantins. — Le *Canal de Itaboca* à sec l'été. — Les trois chaloupes à vapeur qui ont remonté, aux grosses eaux, le Canal de Itaboca. — CACHOEIRA DO ARREPENDIDO. — *Première* et *deuxième Pancada do Arrependido.* — CACHOEIRA TORTINHA, *Varadouro do Miranda* et *Cachoeira Tartarugueira.* — TRAVESSÃO DA CAPUERANA. — CACHOEIRA DO CORRÉÃO. — *Desvio et Cachoeira do Corréinho, Cachoeira et Rebujo do Nanã.* — Projet de canal entre l'Igarapé do Corréinho et le Desvio do Bacury. — CACHOEIRA GRANDE. — *Rebujo do Bacury.* — Desvio do Bacury. — En amont du Bacury. — *Canal do Gavião*, les onze TRAVESSÃOS DO CANAL DO GAVIÃO et les trois TRAVESSÃOS DO APINAGÉ. — *Canal de Pirocaba* et TRAVESSÃOS DO SALTINHO. — TRAVESSÃO DO JACOB. — Ponta do Jatobá. — Ilha das Frecheiras. — En amont du Canal de Itaboca.

17 juillet. — A six heures du matin des brumes épaisses couvrent la rivière, compactes et froides. La brume ne se dissipe qu'entre huit et neuf heures. Des brumes le matin et des orages dans l'après-midi, c'est ce qu'on appelle ici l' « hivernage de juillet ».

Il n'y a plus d'eau dans le canal sur les bords duquel ont été construits les deux Areão, Areão Velho et Areão Novo ou Nazareth, entre l'Ilha do Bandeira et la terre ferme de rive gauche. La partie inférieure du canal ne donne plus passage même aux montarias; pour se rendre à Areão, il faut contourner l'Ilha do Bandeira et, par la partie encore libre du canal, accoster aux premières maisons d'amont d'Areão Velho ou de Nazareth. Cette partie inférieure du canal arrive à sécher au point que l'on va à pied d'Areão à Nazareth par le « pedral » desséché où ne subsistent que quelques flaques d'eau. Alors le Canal de Itaboca est lui-même tellement à sec qu'il ne donne plus passage même aux montarias moyennes qui sont obligées de prendre par le Capitaricuara qui présente en tout temps ses cachoeiras et ses rebujos, mais qui garde toujours passablement d'eau.

C'est à l'est de l'Ilha do Bandeira, entre cette île et l'Ilha do Tocantins, qu'est « le canal », canal profond, offrant en tout temps suffisamment d'eau pour

Cirque do Arrependido, rive gauche.

des vapeurs de rivière. Toutefois ce canal présente, dans sa partie amont, un rocher qui occasionne un rebujo, rocher qu'il faudrait faire sauter si on voulait assurer la praticabilité du canal pour les vapeurs.

Laissant « le canal », le canal profond qui, au delà des Ilhas do Bandeira et do Tocantins, se continue par le Canal do Inferno ou Canal Grande, je prends par le Canal de Itaboca, profitant du peu d'eau qui lui reste encore pour passer mon egaritea par-dessus ses cachoeiras.

Nous nous installons malgré la distance, pour la commodité des transports de nos bagages chez José da Costa, au-dessus de la Cachoeira Grande, rive gauche, en aval de la Première Pancada de la Cachoeira do Arrependido.

Nous sommes au pied d'un talus au sommet duquel se trouvent la casa et la roça d'un nommé Norberto. La triple « pancada » en face de la casa de

Cirque do Arrépendido, rive droite.

Norberto, — triple parce qu'elle est divisée en trois sections par deux îlots, — mesure environ un mètre presque à pic dans la partie accostée à l'Ilha do Areão. Nous passons à la corde et à la vara le travessão qui rachète, du côté de la terre ferme, la pancada centrale continuée par celle accostée à l'Ilha do Areão. Le travessão que nous prenons est un rapide qui peut se subdiviser, si on veut, en trois petits travessãos distincts. Entre cette section accostée à la terre ferme et la section accostée à l'Ilha do Areão, la troisième section de la chute, étroite et à pic, est impraticable.

18. — Nous avons passé hier la Première Pancada de la Cachoeira do Arre-

pendido. Décidément ce Canal de Itaboca, en dehors des difficultés que présentent et ses coudes brusques et ses cachoeiras, oppose à la navigation à vapeur cette irrémédiable impossibilité que, l'été, la plus petite chaloupe n'y trouverait pas assez d'eau. Ici des chutes à pic que la sécheresse rétrécit au point que, pendant la moitié de l'été, ce ne sont plus que des brèches bonnes tout au plus à y hisser ou à y glisser des ubás, et ailleurs, entre les chutes, un torrent fréquemment étranglé en fossé, avec si peu d'eau qu'un enfant le pourrait aisément traverser à gué. L'hiver, le canal est plein, les cachoeiras à pic se transforment en puissants rapides, mais tenter de forcer, à la vapeur, ces eaux impétueuses, dans ce canal étroit et sinueux, est une entreprise qui ne saurait s'expliquer que s'il y avait impossibilité absolue de passer par les deux autres canaux latéraux, tous deux plus importants que celui de Itaboca, le Canal Capitaricuara et le Canal do Inferno. Sur ce point nous serons fixés au retour de l'Itacayuna : nous ferons alors une étude minutieuse des deux autres canaux.

Ce Canal de Itaboca, quoi qu'il en soit, en dépit de la violence de ses eaux d'hiver, de l'étroitesse de son lit, des nombreux îlots qui l'encombrent, de ses coudes brusques, a cependant été déjà remonté par des chaloupes à vapeur. Ce fut une suite d'heureux défis jetés à l'impossible ou, tout au moins, à l'impraticable.

Il y eut trois voyages distincts :

1° La LANCHA N° 2, de la flottille de l'Amazone, a remonté, vers 1872, jusqu'au bas de S. Vicente, — Travessão do Carmo ou de S. Bento.

2° La LANCHA OU ÉTAIT LE Dr LAGOS a remonté jusqu'à Santa Maria Nova. La Cachoeira Grande de l'Araguaya fut franchie sans difficulté.

3° Enfin le petit vapeur (ou grande lancha) le CHRISTOPHE COLOMB, qui remonta jusqu'à Leopoldina et au-dessus.

Les deux lanchas et le petit vapeur, ou, pour mieux dire, les trois lanchas, passèrent par le Canal de Itaboca, tirées, aux cachoeiras, d'arbre en arbre, au palan ou au treuil. L'une de ces lanchas avait, paraît-il, un excellent treuil à vapeur. Toutes ces lanchas possédaient, me dit-on, des machines assez faibles. Les trois voyages ont été faits à la saison des grosses eaux. Un des pilotes fut un beau-frère de Raymundo do Teixeira, Manoel Archanjo, aujourd'hui à Léopoldina.

Où des petits vapeurs ont passé, sans aucun aménagement préalable des sections difficiles de la rivière, — et même sans aucune étude spéciale des canaux, — ne serait-il pas possible d'assurer, après les études et les travaux nécessaires, la circulation permanente de vapeurs appropriés? Il semble que la question ainsi posée ne saurait comporter de solution négative.

Pour l'heure, il ne nous appartient que de poursuivre notre étude géographique de ces cachoeiras.

Un épais brouillard blanc que ne parviennent pas à percer les rayons du soleil levant pèse sur la *Cachoeira do Arrependido* dont il étouffe complètement le bruit.

Toute la journée les hommes travaillent à transporter les bagages à la casa de José da Costa.

19. — On continue le transport de la charge, transport que l'on terminera aujourd'hui.

Les caisses, les malles, les sacs de farine sur la tête, les hommes s'en vont, pieds nus, par le mauvais sentier hérissé de pierres et coupé de racines. Ils font trois voyages par jour, ce qui leur représente vingt-quatre kilomètres de marche dont douze chargés. Ils partent alertes, ils reviennent gais. Et s'il le faut ils recommenceront demain, et après-demain, et encore. Braves gens, suffisamment laborieux, de bonne composition, et avec qui il y a plaisir à voyager.

Le Canal de Itaboca s'étend, en totalité, entre la terre ferme de rive gauche et une seule île, l'Ilha do Areão qui continue l'Ilha do Bandeira. C'est cette seule Ilha do Areão qui s'étend, unique, relativement longue et passablement massive, entre le Canal de Itaboca et le Canal do Inferno, coupée seulement, paraît-il, d'un furo à la hauteur de la Cachoeira do Correão. Un sentier qui part d'Areão Velho traverse toute la partie nord de l'île pour aboutir en face de cette cachoeira.

De l'autre côté du Canal do Inferno c'est une autre île, l'Ilha do Jacundá, qui sépare le Canal do Inferno du Canal de Capitaricuara. De sorte, que, en résumé, les trois canaux des Cachoeiras de Itaboca sont principalement déterminés par les deux seules grandes îles do Areão et do Jacundá, la première continuant l'Ilha do Bandeira et la seconde l'Ilha do Tocantins.

20. — Nous passons, à la corde, et canot vide, la Première Pancada do Arrependido, de un mètre de dénivellement.

La Deuxième Pancada do Arrependido, de la force de la première ou même plus forte, est resserrée entre deux angles de rochers. Le passage, canot

Transport des bagages, à Arrependido.

vide, — nous passons toutes les Cachoeiras de Itaboca à vide, — est difficile.

Tortinha est à pic, elle mesure un mètre et demi de dénivellement total, elle se partage en trois brèches latérales.

Par derrière Tortinha, du côté de la rive droite, dans le *Varadouro do Miranda*, au point où ce « Varadouro » débouche dans le canal da Itaboca, se trouve la cachoeira appelée Tartarugueira. La bouche d'amont du Varadouro do Miranda est en bas du Correão; c'est par ce « varadouro » que nous avons passé cet hiver, en descendant du Tapirapé.

Aux grosses eaux on passe par le Varadouro do Miranda et Tartarugueira; l'été il n'y a pas assez d'eau par ce « desvio » et on passe par le grand Canal de

Cachoeira Tortinha, aval.

Itaboca, franchissant Tortinha à la *brèche de l'ouest* ou bien à celle de l'est, la *brèche du centre* étant trop étroite en même temps qu'elle est encore plus à pic que les deux autres.

Une première tentative pour passer Tortinha à la brèche de l'ouest étant demeurée sans résultat, j'envoie chercher à Areão des hommes de renfort. Nous avons en vain lutté contre les trois marches ou gradins successifs de la brèche : il nous faut de l'aide.

21. — Malgré les hommes de renfort qui me sont arrivés d'Areão, une nouvelle tentative pour franchir la brèche de l'ouest reste encore infructueuse. Nous nous décidons alors à passer par la *brèche de l'est,* en face de Tartarugueira. Au prix d'efforts moindres que ceux que nous avons dépensés hier de l'autre côté, nous passons.

Cette Cachoeira Tortinha, en s'engouffrant dans un cirque étroit qui rappelle un peu celui de Arrependido, présente d'aval en amont de ses brèches presque à pic un dénivellement actuel d'environ $2^{m},50$. Au cœur de l'été, des trois brèches et du Varadouro do Miranda il n'y a plus que la brèche de l'ouest qui garde encore assez d'eau pour donner passage aux montarias ou aux ubás. Tout le reste est à sec.

En amont de Tortinha, le Travessão da Capuerana présente également trois brèches. Nous passons celle du *centre* qui est actuellement la seule qui ait assez d'eau pous nous.

On va d'une cachoeira à une autre par un canal étroit coulant maintenant au fond des pedrarias entassées qui le bordent sur ses deux rives.

En amont du Travessão da Capuerana le canal s'élargit jusqu'à présenter, de rive à rive, une cinquantaine de mètres.

Comme nous arrivons à la Cachoeira do Corréão, c'est, en face d'une plage de sable de la rive gauche, la *Pedra do Joaquim Ayres* célèbre par un récent naufrage qu'elle a occasionné; elle est maintenant à un mètre environ au-dessus des eaux déjà basses.

La Cachoeira do Correão, appelée aussi Cachoeira do José Corrãe, se produit dans l'étroit canal de plus en plus resserré, de suite au-dessus de la plage de sable et de la Pedra do Joaquim Ayres. A l'endroit où se produit la cachoeira, le lit du canal est encombré, sur environ deux cents mètres, de grosses masses de rochers nus, laissant, selon la hauteur des eaux, trois ou quatre canaux de quelques mètres seulement de largeur chacun pour le passage des torrents qui, dans l'étroit et court défilé, sautent d'une hauteur totale de deux à trois mètres environ.

Rive gauche, un sentier, qui s'embranche sur celui de José da Costa à Arrependido, sert de « descarregador » particulier à la Cachoeira do Corréão.

En aval de la Cachoeira do Corréão, en face de la Pedra do Joaquim Ayres, débouche le furo appelé Corréinho, qui se détache de la grande rivière en face du *Rebujo do Naná*. Ce « desvio » n'est utilisable qu'aux grosses eaux, l'été le desséchant complètement. C'est en face de la bouche d'amont du Corréinho que se trouve la Cachoeira do Naná, qui présente un rebujo dangereux aux grosses eaux. Le *Rebujo do Naná* est actuellement au calme plat comme les autres rebujos de la région. Dans le desvio du Corréinho existe la Cachoeira do Corréinho, au confluent d'un *Igarapé*, appelé aussi *do Corréinho*.

Cette cachoeira se produit entre le travers de la Cachoeira do Corréão et celui de la Cachoeira do Naná. Le canal du Corréinho est le chemin aux grosses eaux. Or l'Igarapé do Corréinho n'étant distant que de deux kilomètres environ du Desvio do Bacury, quelques personnes ont conçu l'idée d'un canal qui rattacherait le Desvio do Bacury à l'Igarapé do Corréinho, canal qui sauverait du Rebujo do Bacury, de la Cachoeira Grande, de la Cachoeira et du Rebujo do Naná et de la Cachoeira do Corréão, au prix seulement de la Cachoeira do Corréinho.

22. — En amont de la Cachoeira do Corréão nous poursuivons d'abord, pendant une centaine de mètres, par un canal rétréci à une largeur inférieure à dix mètres, coulant, rapide, entre des masses rocheuses superposées Puis, tout de suite au-dessus, les rochers faisant place, sur les deux rives, à des plages, l'étroit canal présente bientôt une largeur double et triple. Puis, encore un peu plus haut, laissant, rive gauche, la bouche d'amont du desvio appelé Corréinho, nous passons le Rebujo do Naná, maintenant calme, laissant en face, rive droite, le *Desvio do Naná* qui ne sert qu'aux grosses eaux. Le Desvio do Naná a sa bouche d'aval en face de la bouche ouest du Furo de l'Ilha do Areão.

La Cachoeira Grande, dans l'étroit corridor des chutes, couloir élargi en ce point pour donner passage à trois canaux de décharge, la Cachoeira Grande présente *trois brèches : celle de rive gauche*, trop à pic pour qu'on y passe; *celle du centre*, très violente, et *celle de rive droite* où nous avons passé et qui, présentant le plus long chemin, offre un dénivellement moins brusque.

23. — La moitié environ de mes bagages restent chez José da Costa. Je n'emporte de provisions que juste pour le voyage de l'Itacayuna; au retour,

pour le temps que je passerai à l'étude détaillée des Cachoeiras de Itaboca et de Arumatheua, je trouverai ici le reste de ma charge.

Nous passons, par un brouillard froid, le Rebujo do Bacury. Ce rebujo est occasionné principalement par la roche double qui est au milieu du petit cirque que dessine sur ce point le Canal de Itaboca. Maintenant, aux eaux basses de

Cachoeira Tortinha, amont.

l'été, le rebujo n'existe pas; l'eau paraît même ne pas couler, immobile et sombre qu'elle est comme celle de certains lacs dormant dans des cratères de volcans éteints. Des rochers dressés en murailles font au cirque une enceinte continue. En amont du cirque une plage, rive droite, empiète sur le canal qu'elle rétrécit à moins de vingt mètres de largeur.

Aux grosses eaux un « *desvio* » qui vient de l'Igarapé do Bacury et sort en amont de la casa de José da Costa, juste au-dessous du Rebujo, permet d'éviter ce dangereux passage, mais seulement aux très grosses eaux; le desvio, encombré de branches d'arbres et de végétations que personne n'a voulu se donner la peine d'abattre, ne donnant qu'à rivière pleine passage aux botos ou même seulement aux egariteas. C'est là un petit travail qui semblerait pourtant devoir être de nature à tenter la bonne volonté des intéressés ; car, en effet, on peut compter que, en moyenne, ce sont annuellement 8 ou 10 batelãos qui se heurtent à la roche double du cirque du Bacury et vont naufrager plus ou moins en aval. Ce desvio ne peut d'ailleurs servir que l'hiver ; l'été, il est à peu près à sec ou même complètement.

Cachoeira do Corréão.

L'AMÉNAGEMENT DU DESVIO DO BACURY qui sauve, aux très grosses eaux, du Rebujo do Bacury, L'AMÉLIORATION DU FURO APPELÉ CORRÉINHO, qui prend en face du Rebujo do Naná et sort en face de la Pedra do Joaquim Ayres, sauvant de la Cachoeira do Corréão, — ces deux desvios qu'on pourrait rattacher l'un à l'autre en ouvrant un CANAL, D'ENVIRON DEUX OU TROIS KILOMÈTRES, ENTRE LE DESVIO DO BACURY ET L'IGARAPÉ DO CORRÉINHO, — travail utile, assurément, mais qui n'en serait pas moins bien dispendieux pour rester si fragmentaire, — la DESTRUCTION DE LA PEDRA DE JOAQUIM AYRES au bas du Corréão, — tels sont les points essentiels de certain programme d'aménagement partiel du Canal de Itaboca pour batelãos et botos; Tortinha et Arrependido restant d'ailleurs dans l'état, étant jugées moins dangereuses. Il ne faut jamais décourager les bonnes volontés, quelque modestes que puissent d'ailleurs être leurs effets; aussi bien faut-il reconnaître que les travaux ci-dessus, qui ne changeraient rien, dans l'espèce, à la transitabilité d'Itaboca, pourraient toutefois préserver, annuellement, de naufrages plus ou moins désastreux, une demi-douzaine, peut-être, de botos ou d'egariteas.

On ne peut pas, logiquement, considérer que ce soit au Rebujo do Bacury que se terminent les Cachoeiras de Itaboca. L'étroit canal où ces cachoeiras se produisent se continue, en amont, jusqu'à la hauteur de la Ponta do Jatobá et c'est aussi à peu près par ce travers, un peu en amont de la Ponta do Jatobá, que se terminent le Canal do Inferno et le Canal Capitaricuara.

L'Ilha do Areão et l'Ilha do Jacundá se continuent d'ailleurs bien en amont du Bacury. L'Ilha do Areão, coupée d'un seul furo, un peu en amont du Corréão, se termine en amont à la hauteur de la Ponta do Jatobá. Elle s'étend, sans furo longitudinal aucun, jusqu'au Canal Grande. C'est une île de terre haute, avec des castanhaes. L'Ilha do Areão est d'une assez grande largeur. L'Ilha do Jacundá, île également unique et sans furo aucun, est plus étroite que celle do Areão et d'ailleurs moins longue, elle se termine, en amont, entre la hauteur du Bacury et celle du Jatobá.

Au-dessus de l'Igarapé do Bacury les Cachoeiras du Canal de Itaboca se continuent, beaucoup plus faibles, simples rapides, mais presque sans interruption.

Nous sommes maintenant dans le CANAL ou FURO DO GAVIÃO qui va du confluent de l'Igarapé du Bacury aux Travessãos do Apinagé. Ce canal, ou furo, ou gorgulho, est bien la continuation du Canal de Itaboca avec la seule particularité de présenter des cachoeiras moins fortes.

Dès l'entrée du canal c'est, rive droite et rive gauche, mais spécialement rive gauche, une suite de plages à saranzals et à rochers. L'hiver, les eaux passent au-dessus de tout cela; maintenant le canal, rentré dans le fond étroit de son lit, rétréci à une vingtaine de mètres environ, roule ses eaux bruyantes en formant *onze travessãos*, *huit* en aval de la roche appelée Pedra do Gavião qui est rive droite du canal, *trois* en amont de cette roche. Tous ces travessãos sont des rapides relativement assez forts, mais que l'on peut, toutefois, passer à l'espia et à la vara sans peiner trop longtemps.

L'été l'insuffisance d'eau, l'hiver la violence des courants, tels sont les caractères dominants de ce canal, ou pour mieux dire de la totalité de l'ensemble connu sous le nom de Canal de Itaboca.

En amont des *onze* Travessãos du Canal do Gavião, ce sont les Travessãos do Apinagé, au nombre de *trois*, celui d'aval assez fort; celui au-dessus, moyen; celui d'amont, faible, mais n'ayant pas assez d'eau pour notre egaritea qui passe difficilement, raclant le fond pierreux pendant qu'on la tire à la corde, des roches en amont. Les trois travessãos sont consécutifs. Ces Travessãos do Apinagé sont appelés aussi parfois « Travessãos da Pedra Grande » à cause d'un bloc rocheux, d'ailleurs moyen, qui est rive droite, — le plus volumineux et le plus élevé des rochers qui se trouvent de chaque côté de ce travessão. En amont des Travessãos do Apinagé c'est le Canal do Pirocaba, qui s'étend des Travessãos do Apinagé à l'Ilha do Jacob.

Ces sections supérieures du Canal de Itaboca, pour n'offrir guère que des rapides plus ou moins médiocres au lieu de cachoeiras plus ou moins élevées et à pic, n'offrent pas, à la navigation libre, d'avantages beaucoup plus appréciables. En effet, pendant tout l'été le canal, étroit et haché de travessãos, présentant presque exclusivement des fonds « ras », ne saurait être utilisé autrement que par des egariteas moyennes et, aux grosses eaux, par des lanchas à vapeur assez petites pour avoir des chances de pouvoir profiter de ce canal étroit, hérissé à ses angles de rochers sur lesquels se précipitent des courants violents.

A mi-chemin dans le Canal do Pirocaba, ce sont les Travessãos do Saltinho. D'abord ce sont des fonds ras entre de petites îles, très peu d'eau; tous les hommes sont dans le canal et l'egaritea racle, bien qu'elle soit allégée de la presque totalité de sa charge.

Puis bientôt, pour passer la partie supérieure de la Cachoeira, le vrai « saltinho » ou petit saut, il faut décharger complètement l'egaritea.

Le chemin de décharge est un furo, maintenant à sec, qui, passant à l'ouest du « saltinho », permet, l'hiver, aux embarcations d'éviter ce petit saut, d'ailleurs alors couvert et ne faisant que cachoeira. Maintenant qu'il faut nécessairement passer les embarcations par le « saltinho », le furo desséché sert au transport des bagages.

24. — « Saltinho » est maintenant une petite pancada de un demi-mètre à

Remous du Correão.

pic. L'ensemble du Travessão se compose de *trois petits travessãos en aval* du *saltinho*, puis encore de *un travessão* en amont, travessão qu'on appelle quelquefois « Travessão do Jacob », parce qu'il est en face de l'île du même nom. Tout l'ensemble est maintenant un peu à sec pour notre egaritea demi-chargée. Nous passons la pancada proprement dite du Saltinho par la brèche centrale, sans de bien grands efforts. Le rapide qui est en amont, le « Travessão do Jacob », est un courant assez violent qui se poursuit sans interruption à travers un saranzal qui s'étend en face de l'île.

Passé ce travessão, l'Ilha do Jácob finit par un pedral qui flanque sa pointe d'amont faisant face à un autre pedral flanquant l'extrémité sud-ouest de l'Ilha do Areão.

Comme nous arrivons à la Ponta do Jatobá, nous sommes déjà « *dans la*

Bateau échoué aux grosses eaux.

rivière »; le Canal de Itaboca, qui commence à la Ponta do Piteiro, se termine en amont à la Ponta do Jatobá. Un peu en amont nous abordons à l'Ilha das Frecheiras où José da Costa va me vendre un des bœufs qui restent du petit troupeau qui a été mis dans l'île.

25. — Les quelques bœufs qui étaient, encore récemment, paraît-il, dans l'Ilha das Frecheiras, ont disparu. On n'en trouve plus un seul. Ont-ils traversé pour quelque autre île ou pour la terre ferme, ou bien les onças leur auront-elles fait un sort? Mystère.

On s'est un peu reposé aujourd'hui, demain on poursuivra.

Le Canal de Itaboca est là-bas en aval, derrière nous. Canal étroit entre plages et surtout pedrarias, il me rappelle maintenant les canaux du Bas Xingú, mais beaucoup moins profond, plus étroit, plus irrégulier. Il est difficile, vraiment, qu'on puisse arriver à le considérer comme jamais praticable aux plus petites chaloupes à vapeur, quelques améliorations qu'on y apporte. Tout au plus pourrait-on y tenter ce service l'hiver, aux plus grosses eaux, et encore faudrait-il d'importants travaux d'aménagement préalable pour que le passage d'une chaloupe à vapeur y soit le point de départ d'un service hivernal régulier, définitivement établi, et non plus, comme jadis, un simple tour de force, admirable évidemment, mais inutile. D'ailleurs avant de rien tenter à Itaboca il faut voir si le Capitaricuara ou le Canal do Inferno ne se prêteraient pas plus aisément aux aménagements nécessaires.

CHAPITRE III

LES CACHOEIRAS DO TAUIRY. — *Canal do Cajuero.* — *Canal do Urubú.* — Les cinq TRAVESSÃOS DA ENTRADA DO URUBÚ. — La rive des *Indiens Gaviãos.* — Les huit TRAVESSÃOS DO URUBÚ. — Canal, Ponta et Ribeirão da Piranheira. — Les *trois Rapides* du GORGULHO DA PIRANHEIRA. — TRAVESSÃO DA ILHA DE COCO. —Les neuf TRAVESSÃOS DA CACHOEIRA DA AGUA DE SAUDE ET SON REBUJO. — Ilha da Bagagem. — Ilha do Alexandre. — Canal de rive droite. — Canal de rive gauche. — Les *trois Travessãos* de la CACHOEIRA DO JAHÚ, la *Pedra* et le *Rebujo do Jahú.* — Les *sept Travessãos* de la CACHOEIRA DE ARANACUARA. — *Canal de S. Antonino.* — *Canal do Pixuna.* — Les *trois Travessãos* du GORGULHO DO PIXUNA. — *Canal Purakecuara.* — *Canal da Samahuma.* — Les *trois Travessãos* de la CACHOEIRA PURAKÉCUARA. — Les *sept Travessãos* de la CACHOEIRA DO TAPAHUNO. — Ilha da Praia Alta. — TRAVESSÃOS DA PRAIA ALTA. — Les *deux Travessãos* de la CACHOEIRA DO MARANHÃO. — *Rebujo do Laurenção.* — Bocca do Tauiry. — Praia da Rainha. — GORGULHO DO LAGO VERMELHO. — Morro Vermelho. — Les « boiadas ». — Les chemins des « boiadas ». — Les plages. — Œufs de tortues. — Une lettre du P. Gil. — Au confluent du Rio Itacayuna.

26. — Laissant derrière nous le Canal de Itaboca, nous poursuivons en amont vers le Tauiry. Nous longeons la partie sud de l'Ilha das Frecheiras. Il tombe une petite pluie fine qui fait « donner » toute l'armée des moustiques. « Temps d'hiver! » disent mélancoliquement les hommes.

Devant l'entrée du TAUIRY, nous touchons fréquemment, rive gauche. Il paraît que de ce côté les plages croissent.

Le petit canal que nous avons pris lors du voyage au Tapirapé, rive gauche, entre cette rive et les saranzals qui la bordent, canal d'hiver qui permet d'éviter la violence du courant central, ce petit canal est maintenant presque à sec.

Nous voici aux CACHOEIRAS DO TAUIRY.

Nous traversons d'abord le CANAL DO CAJUERO qui a un petit rebujo à sa « bouche » d'aval.

Nous poussons par le Canal do Urubú, dans lequel nous nous engageons en franchissant le Premier des Travessãos da Entrada do Urubú, où il nous faut nous aider de la corde. Le « canal libre » est à notre droite, au milieu de la rivière; il est assez profond, mais ne laisse pas d'être assez violent.

Par derrière le Travessão da Entrada, accosté à la terre ferme de rive droite,

« Desvio » rive de gauche de la Cachoeira Grande.

est un canal maintenant déjà à l'étiage, et qui, pendant tout l'été, ne donne passage qu'aux petites montarias. En amont du Deuxième des Travessãos da Entrada do Urubú, nous passons la nuit à la plage d'un îlot.

27. — Le Troisième Travessão, accosté aux « pedrarias » de la rive droite, est passé à la vara. Le Quatrième Travessão est faible. Le Cinquième Travessão, toujours accosté aux « pedrarias » de la rive droite, est plus fort. Pour celui-ci, il nous a fallu user de la corde.

Ces travessãos sont assez profonds; si nous les passons à la vara, ce n'est qu'en prenant du côté des pedrarias. La partie centrale du canal est profonde, et nos plus grandes perches n'y atteindraient pas.

Nous remontons le Canal do Urubú, maintenant nettement dessiné. Ce

« Furo » à sec do Saltinho.

canal, profond au centre et comme maçonné, sur chaque rive, de pedrarias régulières, rappelle le Canal do Iriri, aù Xingú.

Nous longeons la rive droite, qui est la rive des Gaviãos, mais mes hommes ne paraissent pas avoir grande crainte de ces Indiens. Quelques-uns d'entre eux, entre autres Domingo Vieira, ont déjà, paraît-il, négocié, sur cette même rive, avec ces Indiéns, d'ailleurs réputés pacifiques. Pourtant on vous raconte, ici et là, quelques histoires de « fléchades » de civilisés par ces mêmes Indiens

« pacifiques ». En pareil cas, c'est toujours la même question : « Qui est-ce qui a provoqué? »

Comme les Assurinis au Xingú, les Gaviãos au Tocantins ont leurs points spéciaux d'attaque. Et c'est toujours, naturellement, à quelque point où la route obligatoire, inévitable, des canots accoste la terre ferme, — à un *Passahy* (passe ici!), comme on dit au Xingú.

A une petite distance au-dessus des Travessãos da Entrada do Urubú, nous prenons les Travessãos do Urubú, au nombre de *huit*.

Le *Premier Travessão*, en face de la bifurcation du Canal Grande, est moyen. De même pour un *Deuxième Travessão*. Le *Troisième* et le *Quatrième*, en face du petit desvio appelé Canal Urubusinho, sont médiocres. Le Canal Urubusinho a très peu d'eau l'été.

En amont du *Cinquième Travessão* est la « Pedra do Urubú », roche pointue qui s'érige sur la bâche rocheuse sur la rive droite du canal, un peu en amont du Cinquième Travessão.

Un peu en amont de cette Pedra do Urubú, le Canal do Urubu reçoit du Canal Grande (lequel est appelé aussi quelquefois Urubuzão) un apport d'eaux violentes et tumultueuses occasionnant un Sixième Travessão.

Des deux grands canaux, c'est le Canal Grande ou Urubuzão qui est le plus profond, qui a le plus d'eau d'étiage. L'hiver, il fait un rebujo immédiatement au bas de son dernier travessão d'aval, à sa rencontre avec le Canal do Urubú.

Le Sixième Travessão du Canal do Urubú, ou « Travessão da Encontra d'Agua », es plus fort que les cinq précédents; il fait un dénivellement brusque, presque un saut, qui a maintenant 1 mètre dans son ensemble. Il offre, du côté de la rive gauche, deux « desvios » tombant dans le même petit bassin que lui, ce qui fait trois brèches transversales pour ce travessão.

C'est par la brèche centrale que nous passons, à l'espia et à la vara. Nous devons nous y reprendre à deux fois; toutefois nous passons sans décharger.

La « rencontre d'eau » qui a donné son nom à ce travessão est la confluence avec le Canal do Urubú, à la hauteur de ce Sixième Travessão, d'un *bras qui vient du Canal Grande*, bras qui, au point de sa réunion avec ce canal, fait, aux grosses eaux, un violent rebujo maintenant insensible.

Le Septième Travessão est médiocre.

Le Huitième Travessão, passé à l'espia et à la vara, a demandé toutes nos forces. Ce travessão est considéré comme le dernier, en amont, des Travessãos do Urubú.

Un peu en amont de ce huitième travessão do Urubú, le Canal do Urubú reçoit le *Canal da Piranheira*, petit canal qui amène au Canal do Urubú des eaux du Canal Grande, faisant pendant au canal qui débouche, plus bas, du Canal Grande dans le Sixième Travessão.

Au plus fort de l'été, le Canal do Urubú ne se continue pas au-dessus du Canal da Piranheira; il faut alors laisser l'Urubú, qui finit de suite, et prendre par le Canal da Piranheira et le Canal Grande. L'hiver, les eaux grossies de la rivière couvrent tout de rive à rive, les canaux accrus s'étendent et se perdent dans l'ensemble du Tocantins.

Maintenant le Canal Grande, passablement large, a encore beaucoup d'eau. Il n'a pas, à proprement parler, des cachoeiras, mais il a des rebujos périlleux pour les batelãos, ce qui fait que le Canal do Urubú lui est préféré, à cause de la sécurité plus grande qu'il offre à la navigation actuelle.

Ces grands canaux, comme le Canal Grande de la région de l'Urubú, comme les grands canaux des Cachoeiras de Arumatheua, ont, il est vrai, passablement d'eau, même au fort de l'été, mais ils sont étroits, et pour cette raison ils ne sauraient être utilisés par de grands vapeurs. Toutefois des petits vapeurs, ou même des vapeurs moyens, mais d'une construction appropriée, pourraient faire le service d'été; pour ce qui est du service d'hiver, il n'y aurait à se préoccuper que de la force de la machine, qu'à assurer une vitesse initiale suffisante pour lutter contre la force vraiment puissante des eaux de crue de la rivière aux rapides, alors complètement pleins et débordant.

Le Ribeirão da Piranheira, rive droite, qui débouche un peu en aval du canal du même nom, n'est qu'un igarapé moyen. Plus en aval, l'Igarapé do Urubú, qui est un grand igarapé central, mériterait mieux le nom de « ribeirão ».

28. — Une brume épaisse et froide pèse sur la rivière, où, malgré la grande fraîcheur matinale, pullulent les carapanas.

Un peu en amont du Canal da Piranheira, nous passons le port « da Piranheira », point où la terre ferme de rive droite accoste le Canal do Urubú, puis le *premier rapide* du GORGULHO DA PIRANHEIRA. Le *second* et le *troisième* de ces rapides nous obligent à mettre la corde.

Avant d'arriver à l'Ihla da Bagagem, de l'Ilha de Coco à cette île, le Canal

Canal do Urubú en aval de la Pedra do Urubú.

do Urubú est moins bien tracé; il est semé de nombreux petits îlots rocheux et il paraît présenter moins de fond.

On commence à voir, dès ici, le Canal Grande, qui passe accosté à l'Ilha de Coco et à l'Ilha da Bagagem.

Il ne paraît pas beaucoup plus large que le Canal do Urubú, mais il est, paraît-il, plus profond.

Le Canal do Urubú touche le Canal Grande en face d'un massif rocheux qui les divise tout d'abord et qui occasionne un rapide que nous passons à la corde. C'est le TRAVESSÃO DA ILHA DE COCO.

Immédiatement en amont, c'est la Cachoeira da Agua de Saude.

La CACHOEIRA DA AGUA DE SAUDE ne fait pas maintenant de rebujo; elle se

Canal do Urubú à la Pedra do Urubú.

compose de *neuf travessãos*, dont les *quatre d'aval* sont passés à la vara et dont le *cinquième* se passe à l'espia.

Le « REBUJO DA AGUA DE SAUDE », rebujo d'hiver, est en amont, rive gauche, accosté à un îlot qui a une plage l'été.

Le *Sixième Travessão* da Agua de Saude se passe à la corde.

Le *Septième Travessão* se passe à la vara.

Le *Huitième Travessão,* assez long, s'étend des deux côtés d'un pedral central. On le passe à la corde, en peinant beaucoup. Il s'étend de rive à rive.

Le *Neuvième Travessão* est moyen ; il se produit en face de l'Ilha da Bagagem.

29. — En amont de l'Ilha da Bagagem, divisée en trois îles par deux furos, on prend la grande Ilha do Alexandre, que de nombreux furos fractionnent, à ce qu'il paraîtrait, en huit ou neuf parties distinctes.

Dans sa partie inférieure, l'Ilha do Alexandre est flanquée, rive droite, de l'Ilha da Cobre. Le canal, entre ces deux îles, présente, dit-on, un rebujo assez violent.

Le canal qui longe la rive droite, entre la terre ferme et l'Ilha da Cobre, puis l'Ilha do Alexandre, est, assure-t-on, difficile et dangereux, à cause des cachoeiras et des rebujos de sa partie centrale et de sa partie septentrionale. Toutefois mon vieux pilote, comme nous regardions, du Pixuna, la partie méridionale du canal qui paraît libre, me dit que la mauvaise réputation de ce canal pourrait bien être imméritée. On n'y passe pas, voilà tout ; lui-même n'y a jamais passé et il ne connaît aucun pilote qui l'ait pratiqué. L'Ilha do Alexandre étant absolument déserte, on conçoit aisément que sa rive opposée au canal ordinaire demeure peu fréquentée ou, pour mieux dire, inconnue.

Nous suivons le canal de rive gauche, entre l'Ilha do Alexandre et la terre ferme. Ce canal, large d'une centaine de mètres, paraît profond dans sa partie centrale, mais il présente des roches éparses dans son lit du côté de la rive gauche. Ce canal est actuellement un long rapide, mais un rapide sans « travessãos ». Nous voyons en ce moment briller sous le soleil le long estirão de son eau rapide que rien ne ride : seule une forte brise sème d'uniformes paillettes la limpidité du long miroir.

C'est en amont de ce canal de rive gauche que se trouve la CACHOEIRA DO JAHÚ. On passe d'abord un *Premier Travessão* en aval, en face d'une plage de sable ; puis immédiatement en amont, un *Deuxième Travessão*, à une pointe où se trouve, en angle sur le pedral de la rive gauche du canal, la PEDRA DO JAHÚ, rocher qui occasionne, l'hiver, un rebujo redouté. C'est pour éviter ce rebujo que les canots qui descendent viennent parfois donner de la proue sur la Pedra, qui les envoie chavirer un peu plus bas. Il y a eu un ou deux cas de ce genre l'année dernière. Un *Troisième Travessão* se produit immédiatement au-dessus de celui de la Pedra do Jahú, à une autre pointe rocheuse un peu en amont de celle-ci. Les trois travessãos sont assez forts l'été; nous les passons tous les trois à la corde. L'hiver, les travessãos sont médiocres, mais il y a le rebujo.

Faisant suite à la Cachoeira do Jahú, succède, sans interruption, la CACHOEIRA ARANACUARA. Le *Premier Travessão,* un peu dur, se passe à l'espia. Le *Deuxième Travessão* est à la pointe de cime d'une plage rocheuse, à l'entrée du furo entre l'Ilha Aranacuara et la terre ferme de rive gauche. Ce deuxième travessão, également assez difficile, se passe aussi à la corde.

Ces deux premiers travessãos sont à l'entrée aval du canal, entre l'Ilha Aranacuara et la terre ferme. Ce canal d'hiver, que nous avons pris lors du voyage au Tapirapé, est maintenant complètement à sec par endroits et ne donnerait passage à une ubá qu'à la condition de la traîner, de temps à autre, sur les roches.

3o. — La Cachoeira Aranacuara présente, au-dessus des deux premiers, cinq autres travessãos disposés, ceux-ci, latéralement, ou plutôt se continuant, entre l'Ilha do Alexandre d'une part, l'Ilha Aranacuara et l'Ilha do Pixuna de l'autre, dans la direction sud-est des premiers.

Dès l'aurore, comme il fait encore très frais ou même froid, nous passons à la corde le *Troisième Travessão.* Un *Quatrième Travessão*, un *Cinquième Travessão*, parmi de petites îles, sont de fortes pointes d'eau qu'il faut passer à la corde. Un *Sixième Travessão*, un *Septième Travessão*, toujours parmi de petites îles et de fortes masses rocheuses, sont également passés à l'espia, le canal, d'ailleurs, ne donnant pas à la vara. Ces deux derniers travessãos sont les plus forts de la CACHOEIRA (OU GORGULHO) DE ARANACUARA.

C'est entre les deux îles qui continuent en amont l'Ilha do Alexandre, l'Ilha Aranacuara, rive gauche, et l'Ilha do Pixuna, rive droite, que débouche le long canal appelé CANAL DE S. ANTONINO, qui commence, en amont, en face de la Praia Alta. Ce canal, me dit-on, n'a pas maintenant assez d'eau pour notre egaritea. Il est de rive gauche dans sa partie supérieure et central dans sa partie inférieure. C'est à sa partie supérieure, c'est-à-dire celle qui longe la rive gauche en amont de l'Ilha da Cajazeira, que j'avais donné, d'après mon pilote Raymundo Teixeira, le nom spécial et peu usité de Furo do Pikiá, de l'Ilha da Cajazeira à la Praia Alta.

Au-dessus de la Cachoeira da Aranacuara, nous prenons, longeant la terre ferme de rive droite, entre cette rive et l'Ilha do Pixuna, le *Gorgulho do Pixuna*, terminus du CANAL DO PIXUNA, canal qui n'est lui-même que la suite, en aval de l'Ilha da Samahuma, du CANAL DA SAMAHUMA, qui commence, en amont, à la Praia Alta, par le travers de l'entrée amont du Canal de S. Antonino, canal de rive gauche, le Canal do Pixuna étant le canal central, et un autre canal, qui commence également à la hauteur de la Praia Alta pour finir

Canal do Urubú en amont de la Pedra do Urubú.

à la Cachoeira Purakécuara, le CANAL PURAKÉCUARA, entre l'Ilha da Samahuma et la terre ferme de rive droite, constituant le canal de rive droite, canal presque à sec pendant l'été.

Le GORGULHO DO PIXUNA se compose de trois travessãos. Le *Premier Travessão*, assez long et assez fort, est toutefois passé à la vara; le *Deuxième Travessão* est faible; le *Troisième Travessão*, assez fort, demande l'espia; on le passe par une brèche entre les roches d'un pedral accosté à une petite île de la rive droite.

Le CANAL DO PIXUNA, qui va du Gorgulho do Pixuna au Canal Purakécuara, à l'extrémité nord de l'Ilha da Samahuma, est assez large, — 100 mètres en moyenne. Il paraît profond. L'eau, sur plusieurs points, y court avec une très grande rapidité, sans former, toutefois, de travessão proprement dit. En amont du canal, avant d'arriver à l'Ilha da Samahuma, le courant, sans qu'il fasse de travessão visible, est tellement violent que nous sommes obligés de nous remorquer à la corde de pointe de roches en pointe de roches.

A l'entrée aval du *Canal Purakécuara* se trouve, entre l'Ilha da Samahuma

Vue du Tocantins en aval, à l'Ilha da Bagagem.

et l'Ilha de S. Antonino, la CACHOEIRA PURAKÉCUARA, qui présente, d'aval en amont, un *Premier Travessão*, avec un rebujo qu'il faut éviter et qui est du côté de la rive droite; un *Deuxième Travessão* qu'on passe à la corde, comme le premier; un *Troisième Travessão*, en face d'une plage de sable accostée à l'Ilha de S. Antonino, travessão qui se passe également à l'espia.

1er août. — Après un jour de chasse dans l'Ilha de S. Antonino, nous poursuivons dans le Canal da Samahuma, où nous passons les Sept Travessãos de la CACHOEIRA DO TAPANHUNO. Le *Premier Travessão*, assez fort, est accosté à une plage de sable de la rive gauche. Nous parvenons à le passer à la vara, sans l'espia. En amont, dans le canal entre les saranzals, un *Deuxième Travessão* et un *Troisième Travessão* sont plus faibles encore. Un *Quatrième Travessão* est passé à la corde. Un *Cinquième Travessão* n'est qu'un rapide moyen, passé aisément. Entre ce cinquième travessão et le *Sixième Travessão* est un *Rebujo*, maintenant médiocre, l'hiver assez dangereux. Un *Septième Travessão*, à peu près de la force des précédents, est passé à la vara.

A l'issue du Canal da Samahuma, et à peu près aussi à l'issue du Canal de S. Antonino et du Canal Purakécuara, est l'Ilha da Praia Alta.

La *Praia Alta*, qui donne son nom à cette petite île, est accostée à la pointe d'aval de l'île et rive gauche. Elle a actuellement environ 4 mètres au-dessus du niveau des eaux d'été. Le vent fait tourbillonner comme de la fumée le sable fin, qui nous recouvre de sa poussière comme nous approchons du talus d'aval qui est absolument à pic. Du côté amont, même rive, l'île est flanquée d'un pedral qui fait pendant à la plage.

Un *triple travessão longitudinal*, à l'entrée des canaux de la Samahuma et de S. Antonino, un *petit travessão* accosté au pedral d'en amont de l'île, constituent l'ensemble de ce qu'on appelle les TRAVESSÃOS DA PRAIA ALTA.

Immédiatement en amont, la CACHOEIRA DO MARANHÃO présente ses deux travessãos dans le double canal d'été du « pedral do Maranhão ». Le *Premier Travessão*, à l'entrée du pedral, est passé à la corde; le *Deuxième Travessão* se passe à la vara.

La rivière présente ensuite de forts courants dans le canal unique et élargi qui s'étend entre les pedrarias des deux rives. Il faut passer à la corde diverses pointes où il n'y a pas, cependant, de travessão visible. A l'issue de ce canal, comme on arrive enfin à la rivière libre, à l'entrée — ou bouche d'amont — du Tauiry, nous passons le REBUJO DO LAURENÇÃO exactement à l'entrée du Tauiry commençant. Le Rebujo do Laurenção est produit par un rocher au milieu du canal, rocher autour duquel les eaux grossies de l'hiver viennent se heurter en tourbillonnant. C'est au Rebujo do Laurenção que finit, en amont, l'ensemble de cachoeiras appelé CACHOEIRAS DO TAUIRY.

Un peu en amont, rive droite, se trouvent deux bancs de rochers dont la stratification donne assez exactement le type général de la stratification des roches de beaucoup de formations de cette rivière.

Après avoir passé le petit village de la *Bocca do Tauiry*, rive gauche, et l'autre petite agglomération où demeure Raymundo Liart, l'ami des Indiens Gaviãos, nous passons la nuit à l'extrémité amont du banc de rochers entassés qui, depuis le Villagem da Bocca do Tauiry, bastionne la rive occidentale.

2. — Nous arrivons ce matin à la Praia da Rainha, épaisse et longue, englobant deux îles et se rattachant à la rive gauche, ne laissant qu'un canal assez étroit entre sa masse de sables entassés et la rive droite.

Un peu en amont, en face de la Praia de l'Ilha do Lago Vermelho, se présente, accosté à la rive droite, un rapide qui de la terre ferme traverse pour venir mourir sur les bas-fonds de la plage : c'est le GORGULHO DO LAGO VERMELHO qui est assez dur à passer quand la plage découvre complètement. Nous pouvons encore prendre par les bas-côtés de la plage où ne viennent nous atteindre que les derniers remous du « gorgulho » voisin.

Nous campons à la pointe d'amont de la Praia de l'Ilha do Lago Vermelho. Le Morro Vermelho nous a accompagné toute la journée. Un de mes hommes, José Gavião, a fait du Morro Vermelho une exploration fortuite.

Il y a quelques années, s'étant perdu à l'Estirão do Muricizal, José Gavião erra par les forêts de la rive gauche. Ce ne fut qu'au douzième jour de sa marche incertaine qu'un hasard favorable l'amena à la base d'une montagne au sommet de laquelle il monta pour s'orienter. Du sommet de la montagne il vit au loin, au levant, la ligne blanche d'une grande rivière qu'il jugea être le Tocantins. Ayant atteint ce cours d'eau il reconnut, à la direction qu'il avait suivie, que c'était du Morro Vermelho qu'il venait de faire l'ascension. Le sommet du Morro, dit Gavião, est à peu près entièrement campo, toutefois ses environs immédiats ne présentent, dans la forêt vierge, aucune solution de continuité et sans doute les Campos Gerães qui s'étendent, dans les hauts, vers les sources, sur les deux bras de l'Itacayuna et au delà du bras occidental de cette rivière, vers l'ouest, s'ils se continuent jusqu'à la hauteur du Lago Vermelho, ce qui est possible, se poursuivent vers le nord-ouest et non vers le nord. Dans son involontaire voyage de découvertes, Gavião prétend avoir rencontré, dans les environs du Morro Vermelho, des traces du récent passage des Indiens. Selon toute vraisemblance, ces traces ne peuvent être que celles des Cayapós *Purucarús*, Indiens que l'on croit habiter les campos qui s'étendent au delà de la rive gauche du bras occidental de l'Itacayuna.

3. — A une petite distance en amont de la Praia de l'Ilha do Lago Vermelho

Vue de la rive droite du Tocantins, prise de l'Ilha da Bagagem.

nous rencontrons une *boiada* qui descend, poursuivant sa marche lente le long de l'estrada des bœufs de la rive gauche du Tocantins.

Cette « estrada », ce chemin est, à proprement parler, une fiction. Il n'y a pas de chemin du tout si on entend par chemin une œuvre quelconque faite de main d'homme. Un fazendeiro du Alto Tocantins ou de l'Araguaya, voulant aller vendre un troupeau de bœufs du côté de Pará et ne pouvant guère charger son bétail sur les petites embarcations qui servent au transit des cachoeiras, se décide forcément à prendre la voie de terre. Il attend que l'été ait fait rentrer le fleuve dans son lit, découvert les plages, rendu les rives praticables et, dès lors, le troupeau peut être confié aux soins de vaqueiros qui, les uns en tête, les autres en queue, les autres sur le flanc de la colonne, conduiront le long de la rive, de plage en plage quand il s'en présente et voyageant sous bois le reste du temps, le docile bétail jusqu'au vapeur de Arumatheua et plus en aval s'il est nécessaire. La « boiada » va lentement, mais rien

Banc de rochers à la Bocca do Tauiry.

ne l'arrête : les igarapés, les rivières affluentes se passent à la nage. Comme on n'emporte ni foin, ni son, ni aucune nourriture pour le troupeau, qu'il n'y a à peu près point de campo, ni naturel, ni artificiel, tout le long du chemin, les animaux se nourrissent en paissant au passage celles des feuilles qui, au cours de l'incessant et interminable défilé de la forêt vierge, leur paraissent les meilleures. Et, comme le voyage est lent, — les 400 kilomètres environ en forêt vierge, de São Vicente à Arumatheua, ne se font pas, généralement en beaucoup moins de deux mois, — comme le bétail ne fournit pas quotidiennement plus de 7 kilomètres environ, la viande de boucherie, — car ces longues et lentes théories d'animaux paisibles qui maintenant s'arrêtent sur ces plages pour nous regarder si placidement ne sont que de la viande de boucherie qui se rend à son destin, — la viande arrivera reposée et en état d'être utilisée immédiatement.

Ce « chemin du bœuf », *estrada do boi*, comme on dit ici, fait partie de la géographie naturelle de la contrée au même titre que les « estradas » que tracent aussi, par leur seul passage à travers bois, les tapirs et les capivaras, herbivores également en perpétuelle recherche de pousses tendres ou d'herbes comestibles. Ce n'est pas plus une propriété particulière que le chemin du canot dans la rivière ou celui du cheval dans la prairie. Il préexiste; qui en profite l'améliore en l'utilisant, et c'est pour cela qu'il demeure la chose de tous.

En face de nous, à la Praia do Jacaré, aboutit l'*estrada do boi* de la rive droite, qui commence au Alto Tocantins, un peu au-dessous, me dit-on, de Imperatriz. De la Praia do Jacaré les « boiadas » du Alto Tocantins traversent la rivière pour suivre désormais, jusqu'à Arumatheua ou en aval, l' « estrada do boi » de la rive gauche.

Voici que le troupeau attendu débouche au point de sortie où nous savions qu'il passerait : la pointe d'amont d'une plage étroite et broussailleuse bordant longuement la rivière.

Le troupeau est de 36 bœufs; comme il a 5 hommes pour le conduire il n'a mis que 14 jours pour venir de São Vicente ici, ce qui est considéré comme une marche très rapide.

J'achète le plus bel animal de la boiada : nous aurons ainsi une bonne provision de viande fraîche pour notre voyage dans l'Itacayuna.

Nous passons trois jours à préparer la viande. Le troisième jour, passage d'un autre troupeau, celui-ci de 124 bœufs sorti, me dit-on, le 8 juillet de S. Vicente. Ce dernier troupeau est aux mains d'un certain José Estrangeiro, Arabe de Syrie, depuis vingt ans au Brésil, et aujourd'hui parfaitement Goyano, du moins à ce qu'il paraît.

Deux autres troupeaux sont derrière, dans l' « estrada do boi », un de 100 têtes environ appartenant à Felix Seichas, de S. João, et l'autre, d'environ 70 têtes, à M. João Nonato. D'autres boiadas, à ce qu'on me dit, sont à la veille de descendre. Le Tocantins peut envoyer ses boiadas : le « Ventre de Pará » est capable d'en digérer bien d'autres.

7. — Nantis de notre précieuse acquisition, nous poursuivons vers l'Itacayuna.

Le sable ténu des plages, soulevé par le vent, est en mouvement continuel. Le canot a beau passer le plus souvent au milieu de la rivière, une fine poussière de sable se dépose sur les mains, sur le visage, dans la barbe, et, chose curieuse, les cheveux en sont pleins aussi, bien qu'on s'applique à se tenir constamment coiffé.

Ce sable, charrié par les grosses eaux, se dépose sur les masses rocheuses qui hérissent le lit de la rivière ou qui en bordent les rives, et avec ce sable des semences d'arbustes : de là les saranzals, ces étranges buissons poussés sur les rochers dans le lit de quelques rivières amazoniennes.

Parfois le sable s'amoncelle en plages hautes sous la poussée plus violente du courant. Les eaux, poussant avec force les sables dont elles consolident la masse, laissent, en se retirant, autant de marques visibles de leur baisse successive : dix, quinze et jusqu'à vingt lignes de retraits successifs dans un dénivellement total de trois à cinq mètres.

La figuration cartographique de ces plages ne comporte qu'une exactitude d'autant plus relative que, dans de courtes périodes d'années et parfois même d'une année à l'autre, les plages se modifient, s'exhaussent, s'abaissent; des détroits se ferment, d'autres s'ouvrent; des golfes sont remplacés par des caps, des plages entières disparaissent pendant que d'autres surgissent.

Dans ces amoncellements de sables, mes canotiers ne voient actuellement qu'une chose : c'est que c'est la saison où les tracajas et les tartarugas viennent déposer leurs œufs. Dans le sable remué par endroits, l'œil exercé n'a pas de peine à reconnaître le lieu de la ponte de l'une ou l'autre des deux principales espèces de tortues de la contrée.

Nous passons la bouche d'aval du Furo do Macaco dont le lit desséché est maintenant à plus d'un mètre au-dessus du niveau des eaux d'été. Le canal profond est ici sur la rive même de l'Ilha do Jacaré où, par endroits, le courant est passablement fort.

Avant d'arriver au Burgo, nous voyons passer une autre boiada, sûrement celle de Felix Seixas ou celle de João Nonato; la boiada s'en va, lentement cheminant, descendant une plage vers l'aval.

Au Burgo, où on s'arrête un instant, un habitant, M. Rosino, qui arrive de S. João, a pour moi une lettre que le P. Gil lui a remise ces jours derniers quand il était encore dans le nord de Goyaz en service de son ministère.

La modestie du missionnaire en souffrira certainement, mais je ne puis

Stratification des rochers de la Bocca do Tauiry.

résister au désir de donner ici la lettre de l'homme de rare mérite et de tenace énergie qu'est le dominicain français Gil Villanova. Voici la lettre.

S. João, 28 juillet 1897.

« Mon cher Monsieur,

« J'ai appris dernièrement avec quel bonheur et quelle rapidité vous avez effectué votre voyage de retour, et j'ai su en même temps que, sans vous reposer de vos longues fatigues, vous devez sous peu explorer les deux bras de l'Itacayuna. A tout hasard et sans savoir si elles vous seront utiles, je vous communique les informations que j'ai prises depuis le mois de mai.

« D'après le capitão Domingos dont les renseignements concordent assez bien

La Praia da Rainha, vue prise d'amont.

avec ceux de M. José Alexandre, de S. José do Amparo, il y aurait au nord du Pao d'Arco une chaîne de montagnes à peu près perpendiculaire à l'Araguaya.

« C'est d'elle que, de rapide en rapide, de cascade en cascade, descendrait le bras oriental de l'Itacayuna. Dans une assez grande partie de son cours il ne s'écarterait pas sensiblement du grand fleuve; à la hauteur de S. José, la distance serait de dix lieues au plus. Ce n'est que plus bas qu'il prendrait sa direction définitive N.-O.

« Le campo que vous avez sûrement observé en face de S. José de Amparo se prolonge au moins jusqu'à l'endroit appelé Gorgulho[1]. M. José Alexandre prétend l'avoir parcouru jusqu'à sa rencontre avec le bras oriental de l'Itacayuna, et, d'après lui, il s'étendrait très loin dans l'intérieur. Ce détail concorde parfaitement avec les informations du capitão Domingos qui m'a affirmé que le Campo Geral, déjà connu jusqu'à l'aldeia de João Gongry, se prolonge, toujours vers le nord, au delà du Ribeirão de Aminty, entre les deux bras de l'Itacayuna, et encore au delà du bras occidental de cette dernière rivière.

« C'est là, toujours dans le Campo, sur la rive gauche du bras occidental de l'Itacayuna, que seraient placées les aldeias des Cayapós Chicrîs.

« Nos Chicrîs seraient donc placés à l'ouest du bras occidental de l'Itacayuna, les Purucarús probablement sur quelque cours d'eau intermédiaire entre l'Araguaya et le Xingú, et les Gorotirés sur un des grands affluents de droite du Xingú. Ce qui n'était pour nous qu'une supposition au mois de mai acquiert aujourd'hui un plus haut degré de certitude.

« Je pars demain de S. João; j'espère arriver vers le 20 août à Conceição et, si Dieu le permet, j'emploierai les mois de septembre et d'octobre à visiter les villages d'Amiuty et des Chicrîs. Le capitão Domingos et quelques autres Cayapós me garantissent l'heureux succès de mon entreprise.

« Si je réalise ce voyage, à l'endroit où je traverserai le bras occidental de l'Itacayuna, je laisserai des marques visibles de mon passage.

« Vers la fin d'octobre, Thomas Vieira doit descendre jusqu'à S. João. C'est à lui que je confierai la narration de mes aventures. De S. João M. Felix Seixas vous la fera remettre au Pará. Vous ne pouvez croire combien je serais heureux de pouvoir apporter une petite pierre au grand édifice scientifique que vous êtes en train de construire. Je crois aussi que mon excursion chez les Chicrîs préparera utilement la grande traversée de l'Araguaya au Xingú que vous devez réaliser l'année prochaine.

« Conceição do Araguaya augmente rapidement. L'endroit est excellent. J'ai

1. Les grands campos de la rive gauche de l'Araguaya se prolongent, vers le nord, le long de la rivière, soit comme « campo geral » ininterrompu, soit comme campinas lui faisant suite, jusqu'à la hauteur de Magnifico Paraense, à peu près en face de São Vicente. Diverses personnes de l'Araguay ont, m'assure-t-on, vérifié le fait. (H. C.).

déjà fait deux petites excursions qui ont prouvé que le campo où je suis établi n'est séparé que de 8 ou 10 lieues du Campo Geral.

« Le chemin du Limpo Grande est on ne peut plus facile.

« Nous avons déjà la route du Rio do Somno et nous aurons en novembre celle de Carolina. 38 nouvelles familles ont déjà fixé près de moi leur résidence. Ce n'est que l'avant-garde, si j'en crois les nouvelles qui m'arrivent et les personnes que je reçois. Quoi qu'il en soit, avec les 111 familles de la Barreira cela fait déjà un total de 149 familles. Les abatis ont actuellement près de 2 kilomètres en longueur sur une largeur moyenne de près de 150 mètres.

« Sans doute vous n'ignorez pas que Monseigneur a déjà obtenu du Gouverneur un secours pour notre œuvre. Habitué que j'étais au Gouvernement de Goyaz, je n'espérais pas recevoir si tôt cette preuve de protection intelligente de la part de celui de Pará. Désormais l'avenir s'offre à moi sous des couleurs plus riantes et j'ai la ferme confiance que *notre* œuvre des Cayapós ira toujours en grandissant. Je compte beaucoup sur votre amitié pour donner à notre œuvre les développements qu'elle comporte.

« Vous savez avec quel regret je me suis séparé de vous ; c'est dire avec quelle impatience j'attends votre retour. Veuillez me donner de vos nouvelles, et agréez l'assurance de mon entier dévouement.

« R. P. Gil, *miss. dom.* »

Des lettres comme celle du P. Gil ne se commentent pas. Il n'est pas, non plus, nécessaire d'ajouter que j'aspire après la traversée, en compagnie du P. Gil, de l'Araguaya au Xingú par les Campos des Cayapós, des Chicrîs, des Gorotirés et des Purucarús, comme après la campagne scientifique qui doit être la plus fructueuse en même temps que la plus agréable pour moi, de toutes celles que j'ai entreprises jusqu'à ce jour.

Dimanche 8. — Nous avons passé la nuit sur le bord d'un petit igarapé où les troupeaux de bœufs qui passent stationnent d'ordinaire plus ou moins, en face de l'Ilha das Novilhas. Nous sommes réveillés par un froid assez vif, le froid des matins d'été rendu ici plus vif encore par l'évaporation active de l'eau de l'igarapé qui achève de se dessécher.

A neuf heures du matin nous entrons dans l'Itacayuna.

CHAPITRE IV

Cachoeira da Bocca. — Gorgulho do Arapary. — Gorgulho da Capuerana. — Administration prévoyante. — Gorgulho da Viracão Grande. — Cachoeira Grande. — Géographie d'exploration et géodésie. — Confection d'une ubá. — Les habitants de l'Itacayuna. — Cachoeira do Surubim. — Secco do Surubim. — Secco Grande do Surubim. — Secco dos Dois Travessãos. — Cachoeira das Tartarugas. — Cachoeira da Carreira Comprida. — Cachoeira Grande. — Ilha da Confluencia. — Cachoeira da Tapioca. — Paraupeba et Alto Itacayuna.

L'Itacayuna, à son confluent, est bordé, rive gauche, par un marais maintenant à sec. La rivière a peu d'eau, nous allons à la vara.

Une première cachoeira, la Cachoeira da Bocca, se présente immédiatement en amont de l'estirão du confluent. Elle se compose de *Sept Rapides*, le *Premier* et le *Second*, faibles; le *Troisième*, offrant un dénivellement à pic d'environ cinquante centimètres, nous oblige à décharger l'egaritea. Le *Quatrième* et le *Cinquième* rapides se passent à l'espia, le *Sixième* et le *Septième* à la vara. La cachoeira se produit dans un saranzal clair accosté partie à la terre ferme de rive gauche, partie à trois petites îles allongées qui ménagent à la cachoeira, accosté à la rive droite, un « desvio » qui peut être bon aux grosses eaux, mais qui, maintenant, paraît un peu à sec.

La Cachoeira da Bocca se produit dans l'estirão du confluent, estirão qui fait sensiblement est-ouest. Comme la rivière tourne sud-est pour décrire un premier méandre, une nouvelle cachoeira se présente, le Gorgulho do Arapary.

9. — Entre la Cachoeira da Bocca et le Gorgulho do Arapary nous rencontrons deux montarias de seringueiros qui descendent, mais qui, déjà dans le courant de la cachoeira, n'ont pas le temps de nous adresser la parole.

Le Gorgulho do Arapary se compose de *trois* petits *rapides* que nous passons à la vara dans un saranzal flanqué d'une île, rive droite, et de deux îlots, au centre, dont celui d'amont présente, sur la berge nord, une petite croix

« Estirão » do Lago Vermelho, vue prise d'aval.

indiquant la sépulture de quelque seringueiro inconnu. Les fonds sont tout au plus suffisants pour notre egaritea qui, à chaque instant, racle sur les pierres.

De suite au-dessus de l'estirão du Gorgulho do Arapary, la rivière tourne brusquement : elle vient maintenant du sud-ouest, présentant partout un fond à peu près suffisant. Les rives, basses et marécageuses, rappellent identiquement celles de l'Araguaya.

En amont d'une petite Ilha da Anta, à un autre tournant brusque de l'Itacayuna qui passe du sud-ouest à l'ouest-nord-ouest, une troisième cachoeira, le Gorgulho da Capuerana. En face du troisième, d'aval en amont, des *quatre travessãos* qui composent le gorgulho, débouche, rive droite, l'Igarapé do Sororó, ou da Agua Suja, à cause de la couleur vaseuse de ses eaux à son confluent. Cet igarapé, de deux mètres de largeur environ, a encore près de un mètre d'eau.

Pour passer le Gorgulho da Capuerana les hommes doivent se mettre tous à l'eau et soulever l'egaritea en la poussant sur les roches du fond.

En amont de ce « gorgulho » et de l'île sur la rive de laquelle il se produit, un long estirão, profond, s'étend jusqu'au lieu dit Viraçãosinha, estirão ouest-nord-ouest, sensiblement parallèle à l'Estirão da Bocca, mais coulant en sens contraire. Le fond y est en moyenne de trois à quatre mètres, et, par endroits, la vara n'y atteint plus.

Il ne semble pas qu'il y ait personne dans cette rivière qui paraît absolument déserte; toutefois, de distance en distance, on voit sur la rive, mais sur une rive seulement, la rive gauche, un petit piquet de un mètre de hauteur, gros comme le bras, orné à sa partie supérieure d'un numéro. Ce petit piquet numéroté caché sous l'épaisseur de l'obscure feuillée est mystérieux comme les hiéroglyphes indiens que les rochers des rivières, eux indestructibles, arborent comme un éternel défi jeté à la sagacité des races futures. Il paraît que, dans la pensée de l'administration itacayunense, ces piquets devaient être autant de dieux-termes, de bornes-limites des lots des colons de l'Itacayuna quand ces colons, qui ne sont pas venus, se seraient décidés à venir.

Partant de chacun de ces petits piquets, en amont, en aval, du côté de la forêt, il n'y a rien, pas un bout de sentier, pas une branche coupée. Un homme s'est promené en canot sur la rive, et, de son canot, à vue d'œil, car c'eût été sûrement une trop grande peine que de promener dans ces fourrés une chaîne d'arpenteur, il a placé ses piquets à une distance par à peu près sans aller voir, à dix pas, ce qu'il y avait dans l'intérieur.

Et, pour ce qui est des pieds de caoutchouc à lait peu coagulable et de prix inférieur que l'on a supposé susceptibles d'exister dans la forêt, on s'en est rapporté à la générosité bien connue de la nature amazonienne.

10. — Nous commençons la journée par une rencontre fortuite à l'Ilha que mes hommes appellent désormais Ilha do Abarracamento. A la pointe d'amont

de cette île, nous voyons une demi-douzaine de jeunes gens assis à côté de leurs hamacs ou occupés à faire sécher leur linge. Ils attendent, paraît-il, leur patron, Pedro Catuába, avec qui ils s'en vont faire de la borracha.

Sur les rives c'est partout la végétation basse des terres pauvres semblant indiquer, dans l'intérieur, soit des campos, soit des terrains marécageux.

Par endroits l'eau est immobile, elle semble ne plus du tout courir. Le plus souvent nous allons à la rame, la rivière rétrécie et profonde ne donnant pas à la vara.

De temps à autre quelques terres hautes se montrent, principalement rive gauche, constituant de petites collines où l'on distingue quelques pieds de castanheiros et aussi quelques pieds du caoutchoutier d'Itacayuna, le caoutchoutier au lait peu coagulable qu'il faut étendre au soleil pour le faire sécher.

A l'extrémité du premier grand estirão sud nous passons le Gorgulho da Viração Grande, rapide presque imperceptible maintenant. Les petites plages qui ont donné lieu à ces appellations (*viração*, action de virer, c'est-à-dire de retourner sur le dos, pour les prendre, les tartarugas ou les tracajás) commencent à peine à découvrir.

Sur les rives c'est une alternative de terres hautes et de terres basses, cependant la végétation marécageuse l'emporte de beaucoup sur la végétation forestière.

La rivière, de navigation facile, donne souvent à la vara, mais aussi elle présente par endroits des fosses profondes où on ne peut aller qu'à la rame. Parfois elle s'élargit soudain, présente un grand estirão suivi d'autres grands estirãos : elle est ou semble être plus importante qu'en aval.

Les marques laissées aux arbres par les crues indiquent que nous sommes maintenant, au niveau actuel des eaux, à environ six mètres au-dessous du niveau des grandes crues.

11. — Hier au soir, la nuit venue, tous les bruits du jour bien éteints, nous entendions la Cachoeira Grande. Ce matin, après un court trajet, nous y arrivons après avoir suivi un estirão profond où l'eau descend avec une extrême lenteur.

Au pied de la cachoeira sont trois bancs de rochers s'allongeant dans le sens du lit de la rivière, bancs de rochers absolument semblables, me disent mes hommes, à ceux qu'on voit, l'été, à la Cachoeira Grande de l'Araguaya.

Nous pourrions peut-être, au prix de très grands efforts, passer notre egaritea au-dessus de la cachoeira, mais, au retour, après un mois encore d'été, il

Morro Vermelho.

est certain que nous ne pourrions pas descendre notre embarcation, à moins de la passer par terre, ce qui, d'ailleurs, serait peut-être impossible avec mon personnel peu nombreux. Il est en même temps plus court et plus prudent de nous mettre à faire tout de suite une ubá, d'autant plus qu'avec une ubá nous pourrons remonter l'Itacayuna assez loin au-dessus de la Cachoeira Grande, tandis qu'avec l'egaritea les cachoeiras ou le manque d'eau nous obligeraient sans doute bientôt à rebrousser chemin.

Nous nous mettons donc de suite à établir, sur une petite hauteur dominant la cachoeira, rive gauche, un baraquement sommaire où nous pourrons, à l'abri du mauvais temps possible, passer les quelques jours que va nous demander la confection de l'ubá qui nous est nécessaire.

12-22. — L'emplacement de la baraque a été défriché, la baraque a été élevée et couverte de feuilles, un gros pied de samahuma a été abattu et

Plage de l'Ilha do Lago Vermelho.

bientôt notre ubá nous permettra, mieux que notre egaritea, de remonter aussi loin que possible cette rivière de beaucoup de cachoeiras et de peu de fond.

Des observations faites ces trois jours de suite (et moyennes prises) me donnent pour la Cachoeira Grande do Itacayuna : Latitude 5°30′ S., Longitude 52°6′ O. P.

Il ne me plaît guère de donner des coordonnées sans les déduire de moyennes d'observations répétées, et encore n'ai-je d'autre prétention que celle de fournir des indications approximatives.

La géographie d'exploration est une chose et la géodésie en est une autre. En exploration, ne pouvant le plus souvent employer que de rapides procédés empiriques, on ne peut guère obtenir que des coordonnées par à peu près; les déterminations rigoureusement exactes de latitude, longitude et altitude comportant des méthodes et des instruments ne ressortissant que de la géodésie pure.

« *Si les travaux destinés à la connaissance précise de la Terre suivent les* « *progrès gigantesques que fait de nos jours la* GÉOGRAPHIE D'EXPLORA- « TION, *il est permis d'espérer qu'à la fin du siècle qui va s'ouvrir la Géodésie* « *sera bien près d'atteindre son but.* » (FRANCOEUR, *Géodésie*, 1895.)

23. — L'*ubá* a été terminée hier. On a taillé une rame longue pour en faire le *jacuman* ou gouvernail de l'ubá; la banne ou *toldo* est faite d'une *esteira* ou natte de feuilles de palmier tressées, et l'*estiva* ou plancher de chargement est en lattes coupées égales et attachées entre elles.

Ce matin l'ubá est passée en haut de la cachoeira. Après déjeuner on passera la charge. Demain matin, à la première heure, on poursuivra le voyage en amont.

La CACHOEIRA GRANDE du Bas-Itacayuna se compose de deux groupes de dénivellements comprenant trois travessãos chacun. Les trois travessãos d'aval sont assez forts, les trois travessãos d'amont, séparés des premiers par un petit intervalle, sont moyens. Le dénivellement total est d'environ trois mètres. Le chemin de décharge est rive gauche.

24. — En amont de la Cachoeira Grande, roulant dans notre ubá un peu lourde et assez grossièrement taillée, nous allons par la rivière maintenant élargie. Les castanheiros, — qui ont donné leur nom à la rivière (*tacá* ou *tucá* : castanha), — sont nombreux sur les deux rives.

En face du petit rapide appelé *Secco do Saranzal*, quatre baraques abandonnées, rive droite, nous attestent une fois de plus que le caoutchouc spécial que l'on travaille ici n'a pas procuré de quoi vivre à ceux qui se sont adonnés à son extraction.

Au-dessus du rapide presque à sec la rivière présente à nouveau un fond assez considérable, atteignant et même parfois dépassant trois et quatre mètres.

Jusqu'ici nous trouvons encore des vestiges du récent passage de civilisés : quelques seringueiros en exploration dans ces parages.

Ils ne sont guère, tous que « de passage », les « habitants » de l'Itacayuna. Les quelques familles qui travaillent actuellement dans cette rivière sont si peu fixées au sol qu'elles n'ont même pas, pour s'abriter, la coutumière petite baraque que l'on trouve partout dans les autres rivières. Un auvent en feuilles de palmier, de deux mètres de longueur environ, à hauteur d'homme assis : voilà une demeure d'homme civilisé. Habitation temporaire, il est vrai, mais enfin des familles vivent sous ces lamentables abris, chacune des créatures humaines de la petite agglomération tendant son hamac au ras de terre sous une demi-douzaine de feuilles de palmier formant un toit agreste à un mètre de hauteur.

Aucun de ces « habitants » de l'Itacayuna n'a traité de *roça* jusqu'à ce jour. Il est vrai qu'il n'y a guère qu'un an qu'on a commencé à s'établir dans cette rivière, mais cette absence de tout rudiment de culture semble peu indiquer l'idée de se fixer définitivement. On a commencé à essayer de travailler à cette borracha spéciale de l'Itacayuna, cela est vrai, mais, à ce qu'il paraîtrait, sans cesser de douter fortement du succès.

25. — La Cachoeira do Surubim, au pied de laquelle nous sommes arrivés hier soir, présente un seul travessão, de 2 mètres 50 environ de dénivellement sur un angle de 45°. C'est un « salto ». La brèche de rive droite, accostée à la terre ferme que gagne, en pente quelque peu plus lente, le « pedral » de la cachoeira, n'a pas maintenant assez d'eau, même pour une ubá. Il nous faut essayer de la brèche centrale qui est un peu plus large et conserve un peu plus d'eau. Hisser sur cette pente brusque et sous la poussée de l'eau de la chute, notre ubá un peu massive est un travail pour lequel l'aide de quatre Itacayunenses de passage, M. José Clementino et ses trois compagnons, ne peut que nous être du plus grand secours. Tous au câble ou à l'ubá, les hommes travaillent pendant plus de deux heures sans résultat. Par le « desvio », rive gauche, l'ubá se hisserait peut-être, mais au prix d'efforts que mon équipage, désormais réduit à ses propres forces, ne pourrait renouveler pour les cachoeiras d'amont.

Notre ubá est décidément trop lourde, il n'y a pas de fausse honte à le reconnaître et il y aurait sottise à s'obstiner, renonçons-y et retournons, s'il le faut, acheter de petites montarias jusqu'au Tocantins.

Voici toutefois que d'obligeants Itacayunenses, Catuaba père et fils, sachant mon embarras, s'empressent, de la meilleure grâce, à me faciliter ma besogne. Ils me prêtent deux petites montarias dont ils se servent pour aller pêcher, montarias avec lesquelles, laissant la moitié de mes provisions déjà bien

Campement à la Plage du Lago Vermelho.

réduites, je pourrai remonter la rivière tant qu'elle conservera encore une moyenne de un demi-mètre d'eau.

Nous passons les montarias par le desvio, rive gauche, par derrière l'Ilha do Surubim. Ce « desvio » fait un petit circuit rachetant, par une petite « pancada » et trois rapides moyens, la grande pancada de la cachoeira.

26. — A une petite distance en amont de la Cachoeira do Surubim la rivière présente un « secco », puis un autre, où les montarias, passées à la main pardessus ces barrages compacts de pierres entassées, cherchent, sans toujours le trouver, quelque petit courant plus profond où elles ne raclent pas sur les pierres.

Le premier de ces « seccos », d'aval en amont, le Secco do Surubim, se passe par une petite brèche située à peu près au centre du barrage. Ce « secco » présente actuellement un dénivellement total de un mètre en pente douce.

Un peu en amont, le Secco Grande do Surubim constitue un travessão d'une cinquantaine de mètres de longueur et de moins de deux mètres de dénivellement total.

Au-dessus de ces « seccos » la rivière tantôt n'a pas plus de un mètre de fond, tantôt présente des *poçãos* où la *vara* n'atteint pas.

Confluent de l'Itacayuna.

Les rives, bien que, comme ensemble, de végétation maigre, présentent parfois à profusion, soit sur le bord même de la rivière, soit à une petite distance dans l'intérieur, des pieds de castanheiros tellement nombreux que ces arbres, par endroits, paraissent vivre ici en famille. Bien plus que le « caoutchouc d'Itacayuna » ces castanheiros, si peu rémunératrice que soit l'industrie de la safra de la castanha, me paraissent constituer la véritable ressource — sinon richesse — de l'Itacayuna.

A ces rives relativement élevées qu'ornent et enrichissent d'innombrables pieds de castanheiros succèdent des rives marécageuses à la végétation rabougrie. Alors, parfois sur de grandes étendues, les grands arbres cessent complètement et c'est le triste passage des bas-fonds où maintenant les eaux dorment, croupissantes.

27. — Nous allons à la vara, avec très peu d'eau. Sur de grandes étendues la rivière coule avec une extrême lenteur.

Toujours des castanheiros dès que l'on a passé, çà et là, quelques rives marécageuses. Dans la forêt des collines les castanheiros se groupent en véritables bosquets.

Le Secco dos Dois Travessãos se compose, en aval, d'un petit travessão assez faible, épars dans un saranzal très clair, et, en amont, d'un autre petit travessão, répétition presque identique du premier.

En amont, rive gauche, c'est un « frechal » immédiatement au-dessus duquel la rivière présente un petit étranglement. Ensuite, même rive, c'est un îlot accosté que continue une petite plage. Puis c'est la Cachoeira das Tartarugas.

La Cachoeira das Tartarugas se compose de deux travessãos et d'un rapide.

Parmi les rochers de la rive gauche ce sont d'abord les petites plages où les récents explorateurs de l'Itacayuna, Anselme Pereira da Silva et Antão Pimentel, ont rencontré les tartarugas qui ont valu à la cachoeira son nom actuel.

Le *Premier Travessão,* entre ces petites plages rocheuses de la rive gauche et un îlot de la rive droite, n'est pas très fort. Il présente maintenant une seule brèche offrant passablement de fond. Aux grandes eaux ce travessão doit être assez fort, actuellement on peut le considérer comme médiocre. Sa continuation de l'autre côté de l'îlot, entre cet îlot et la rive droite, est également d'un dénivellement qui n'a rien de périlleux.

Immédiatement au-dessus du Premier Travessão, entre les « pedrals », le canal rétréci fait *rapide* et se remonte avec difficulté. Un second *rapide* continue le premier, puis c'est le *Second Travessão* de la Cachoeira das Tartarugas, de beaucoup le plus important.

Rive droite, commençant en face du Second Travessão et s'étendant, en aval, jusqu'à une petite distance en amont du premier, se présente un « baixão » en partie boisé, ayant encore maintenant de l'eau par endroits, et qui, l'hiver, doit être complètement inondé.

Le canal du Second Travessão est rive droite; il débouche, en aval, un peu au-dessous de la grande pancada. Il a encore assez d'eau, du moins pour nos petites montarias, et il nous permet de racheter sans danger, par de petites déclivités successives, la forte pancada centrale. Celle-ci, entre le desvio de rive droite que nous prenons et le desvio de rive gauche, sensiblement plus violent, ne saurait être franchie sans péril. Ce Second Travessão présente un dénivellement total d'environ trois mètres, en pente brusque pour la pancada centrale, plus douce pour les desvios.

Le rapide en amont du Second Travessão est assez fort pour nous obliger à le passer à la corde.

28. — Dans l'épais brouillard du matin nous allons lentement à cause des pierres du fond. Le long de la rive indistincte les *ciganos*, très nombreux dans l'Itacayuna, emplissent la solitude de leurs cris et de leurs éclats.

Nous longeons des végétations de terres basses d'où émergent des palmiers. Ici les eaux de crue ont laissé leur trace à un mètre et demi environ au-dessus du niveau actuel.

Dès qu'on laisse les terres basses on voit les castanheiros réapparaître, toujours nombreux, dominant les hauteurs.

A l'Ilha da Carreira Comprida nous prenons par le canal de rive gauche. La plus petite de nos montarias, qui s'était engagée dans le canal de rive droite, a dû rebrousser chemin faute d'eau, après avoir passé quelques travessãos.

La Cachoeira da Carreira Comprida, dans le canal de rive gauche que nous avons pris, ne présente pas moins de 15 *Travessãos*. Les plus forts de ces travessãos sont, d'aval en amont, le 6e, le 10e et le 11e, qui sont moyens; le 12e et le 13e qui sont plus à pic sans toutefois présenter chacun un dénivellement de beaucoup plus de cinquante centimètres; pour ces deux derniers travessãos il faut décharger complètement nos deux petites montarias. Le 14e *Travessão* et le 15e sont faibles.

En amont de la Cachoeira da Carreira Comprida la rivière présente de brusques élargissements des enseadas inattendues bordées de terres hautes que dominent des castanheiros, puis on prend la Cachoeira Grande.

La Cachoeira Grande peut se diviser en 5 sections :

Travessão das Capiuaras;

TRAVESSÃO FECHADO;
TRAVESSÃO DAS PIRANHAS;
TRAVESSÃO DAS ILHAS;
TRAVESSÃO DO LARGO.

Cachoeira Grande de l'Itacayuna, rive droite.

Le TRAVESSÃO DAS CAPIUARAS, assez à pic, présente plus d'un demi-mètre de dénivellement.

Le TRAVESSÃO FECHADO, offrant, parmi les rochers, un passage juste assez large pour que nous puissions y introduire nos petites montarias, a un mètre environ de dénivellement. Ce travessão, tout entier parmi de grosses roches, doit être périlleux l'hiver.

Le Travessão das Piranhas se compose de deux travessãos, presque à sec et à pic, donnant ensemble plus de un mètre de dénivellement.

Le Travessão das Ilhas se décompose en trois travessãos, tous les trois dans des canaux resserrés entre de nombreuses petites îles. Le *Premier Travessão*

Cachoeira Grande de l'Itacayuna, rive gauche.

est moyen, le *Deuxième Travessão* est plus fort, le *Troisième* est médiocre.

Le Travessão do Largo, dans un élargissement de la rivière semée d'îles en cet endroit, est un rapide moyen, d'une hauteur totale de un mètre environ.

En amont de la Cachoeira Grande une île d'assez grandes dimensions, l'Ilha Grande, — ou « do Engano », parce qu'elle avait fait croire aux premiers explorateurs, qui avaient suivi le canal de rive droite, qu'ils se trouvaient déjà dans le grand affluent appelé Paraupeba dans les vieilles cartes, — l'Ilha Grande qu'il est plus logique d'appeler « da Confluencia » s'étend, en effet, jusqu'à une petite distance en aval du confluent du Paraupeba et du Alto Itacayuna.

29, 30. — Dans le bras de rive droite de l'Ilha da Confluencia, la rivière, d'abord, court assez peu. Les rives sont de terres hautes et bordées de castanheiros.

Nous passons d'abord un rapide assez long présentant trois petits dénivellements consécutifs, puis on va à la vara, avec très peu de fond et bientôt on rencontre des arbres tombés, qui, un peu plus, obstrueraient déjà le canal rétréci.

La Cachoeira da Tapioca, toujours dans le bras de rive droite de l'Ilha da Confluencia, présente trois travessãos, celui du milieu plus fort, celui d'amont plus faible. Le dénivellement total est de un mètre. On passe par la rive gauche où la déclivité est moins brusque.

A une petite distance en amont de l'île, l'Itacayuna se divise en deux bras : le Alto Itacayuna, toujours fort large, qui s'étend à notre droite, et le Paraupeba à demi caché derrière des îles, à notre gauche; ce dernier bras est l'affluent et le premier la rivière principale.

CHAPITRE V

Les jacarés du Paraupeba. — Castanheiros et marais. — Cachoeira da Piranheira. — Cachoeira das Ilhas. — Assiégés ! — Travail de Danaïde. — Cachoeira da Praia. — Cachoeira das Tres Boccas. — Cachoeira Comprida. — Cachoeira do Paredão. — Cachoeira da Lage. — Paysages préhistoriques. — Cachoeira das pedras Chatas. — Cachoeira Secca. — Cachoeira dos Tres Braços. — Le mystère des Campos et le mystère des tribus indiennes. — Plus d'eau. — Serra do Paraupeba. — Retour. — Le Ribeirão de Agua Fria. — Canal central de la Cachoeira Comprida. — Mauvais jours. — Sortie du Paraupeba.

Nous prenons d'abord par le Paraupeba, où nous aurons peut-être plus de chances de rencontrer les campos, que les gens de Chambioá et de S. José, à l'Araguaya, disent exister dans la région où les deux formateurs du Rio Itacayuna prennent leurs sources.

Le Paraupeba, à son embouchure plus étroit, mais plus profond que le Alto Itacayuna, est aussi d'eau plus sombre et plus froide. Le Paraupeba semble venir d'une région de montagnes et le Alto Itacayuna d'une région de hauts plateaux.

Dès les premiers estirãos du cours inférieur du Paraupeba, nous nous familiarisons avec ce qui constituera la caractéristique de cette rivière : des fosses à l'eau profonde entre les « seccos » ou les cachoeiras, des castanheiros sur les rives, et dans l'eau immobile et obscure, des jacarés en grand nombre, croisant en amont et en aval. Ces crocodiles de 3 mètres et plus de longueur, familiers comme un saurien qui n'a jamais vu l'homme, ne laissent pas de nous conseiller une certaine prudence. Quelques balles de nos rifles éloignent d'abord les plus téméraires, mais sans cesse nous voyons surgir de nouveaux venus que la curiosité amène, sans doute. Toujours est-il qu'il se trouve des moments dans la journée où nous voyageons flanqués d'un service d'éclaireurs dont nous nous passerions fort bien.

Nous passons un premier *Travessão*, moyen, puis nous nous installons pour la nuit sur un petit tertre hors de la portée des jacarés.

31. — Par la fraîcheur matinale, les hoccos (mutums) se promènent sur les rives. Les mâles mènent grand bruit, les femelles sont plus silencieuses. Mes

Confection d'une ubá : abattage de l'arbre.

hommes remarquent judicieusement que c'est le contraire de ce qu'on observe chez la plupart des autres espèces animales.

Les rives, alternativement de terres hautes et de terres basses, présentent des monticules couverts de castanheiros et des endroits noyés que couvre de ses poussées drues et basses la végétation des marais.

La largeur moyenne du Paraupeba se maintient à une cinquantaine de mètres. En un point, un grand piranheira est tombé bien perpendiculairement par le travers. Le temps, les siècles ont pourri la rude enveloppe et les branches menues; le tronc, ainsi que les grosses branches du sommet, restent inattaqués, bravant l'humidité, la pluie, l'inondation et le temps.

De suite en amont de cet arbre tombé, nous passons la première cachoeira du Paraupeba, la CACHOEIRA DA PIRANHEIRA. Cette cachoeira n'a d'eau maintenant que dans la brèche centrale : une rigole dans le petit barrage rocheux; le dénivellement total n'est guère que de un demi-mètre. Un desvio, rive

Confection d'une ubá : on commence à creuser l'arbre.

gauche, serait bon s'il était nettoyé des arbres tombés et des branchages qui l'obstruent.

Au-dessus de la Cachoeira da Piranheira, la CACHOEIRA DAS ILHAS est formée de quatre travessãos : le premier et le quatrième, médiocres; le second et le troisième, moyens.

Nous campons, pour la nuit, à une bouche de lac. Ce lac est peuplé, en vérité; il paraît même avoir une population nombreuse : un peuple de jacarés y est établi.

Toute la nuit les sauriens, sortant de leur lac, viennent croiser devant notre campement. Quand on les tire en amont, on en entend ronfler d'autres en aval, ou bien dans l'émissaire du lac. Ils ont l'air de nous assiéger. Toutefois ils ne se risqueront pas à terre, où leurs évolutions leur seraient beaucoup plus difficiles; tout au plus, sans sortir de l'eau, émergeront-ils sur le bord même, en prévision de quoi nous attachons nos hamacs à quelque distance en retrait de la rive. Il ne serait pas agréable de se voir réveiller par une gueule de crocodile vous arrachant par le bras ou par la jambe aux douceurs du hamac. Ces animaux n'ont pas la taille de ceux d'Afrique, ils ne mesurent guère que de 3 à 4 mètres environ, rarement 5; toutefois, c'est déjà là une taille qui nous invite, sinon au respect, du moins à la prudence.

1er *septembre.* — Rive gauche d'abord, puis rive droite, nous rencontrons des berges argileuses à pic, « barreiras » identiques à celles que l'on voit dans la Haute Araguaya. Ces barreiras alternent sur les rives avec des « bouches » contenant des eaux stagnantes, émissaires de lacs ou de marais maintenant plus ou moins complètement desséchés.

La végétation offre ici de singuliers contrastes. A côté de quelques pieds de castanheiros géants, ce sont des touffes du petit bambou appelé *taboca*, qui a donné son nom à la célèbre cachoeira du Bas Tocantins (où on ne le voit toutefois que dans la partie amont de l'Ilha do Areião). Parmi ces touffes du petit bambou, ou gros roseau creux, nommé taboca, quelques touffes du petit bambou, ou roseau plein, appelé *tacuara*, le cambrouze de Cayenne. Et, fondant dans un tout compact, étrange, bosquets d'arbres géants et roseaux poussés en gerbes énormes ou simplement touffues, partout la maigre et triste flore des marais.

Nous passons un *travessão*, à pic, de 25 centimètres de saut, en face d'un amoncellement de roches qui est rive gauche.

Le soir vient. Des hoccos femelles, « pintadas » comme celles du centre du Brésil, c'est-à-dire de couleur grisâtre et non plus noire, attirent un instant « notre attention ». Et, comme la nuit tombe, nous écoutons un sabiá qui égrène ses notes dans le silence qu'amène l'ombre qui s'épaissit.

2. — Ce n'est pas le coq qui nous réveille, c'est un jacaré. Un de ces voraces animaux était à demi hors de l'eau, regardant avec intérêt notre campement qui dormait. Réveillé sans doute par quelque bruyante évolution de la pesante bête, un des hommes saute sur son rifle et le jacaré se rejette pesamment au

milieu de la rivière. Pour que des jacarés, animaux plutôt peureux de leur nature, soient en face de l'homme aussi hardis ou aussi imprudents, il faut qu'ils ignorent absolument l'existence de la créature humaine, civilisée ou sauvage. Peut-être personne, ni blanc ni Indien, n'est-il entré dans cette rivière depuis le voyage du P. Manoel da Motta, en 1721.

Nos montarias font décidément beaucoup d'eau. Elles en font tellement qu'il faut quelqu'un en permanence pour travailler sans cesse à vider l'embarcation qui s'emplit. Nous avons déjà recalfaté deux fois, rien n'y fait. Dans ma petite barque, c'est ma pauvre photographe-cartographe qui veut absolument se charger de ce travail de Danaïde, afin de ne distraire aucun rameur de son service et que le voyage soit poussé plus rapidement.

Ces montarias paraissaient presque neuves, mais elles sont en mauvais bois. Je les avais cru d'abord en *sapucaya* (canari macaque), bois dur et des moins putrescibles ; mais elles sont, paraît-il, en castanheiro, bois aussi rapidement pourri que le samahumeira, bien qu'il soit plus dur.

Nous passons *trois* petits *Rapides* consécutifs, puis un *quatrième,* puis un *cinquième,* moyen, après quoi nous arrivons à la Cachoeira da Praia.

La Cachoeira da Praia se compose de *trois travessãos* moyens, formant un rapide ininterrompu de 1 mètre environ de dénivellement total. Un peu en aval, rive gauche, est une petite plage qui paraît se rattacher à une autre petite plage au-dessous, à la pointe d'un îlot accosté.

Puis nous allons par des estirãos de 25 à 30 mètres de largeur, avec des castanheiros relativement nombreux sur les rives.

Le soir, comme nous cherchons un endroit pour camper, les hommes tuent deux antas, le mâle et la femelle, réserve alimentaire qui sera la bienvenue, l'exiguïté de nos embarcations nous ayant obligés à emporter, pour subvenir à notre alimentation, plus de balles que de vivres.

3. — Par le brouillard épais et froid, nous continuons, munis de quartiers de tapir boucanés. Nos quotidiens jacarés n'ont pas manqué, cette nuit, de se saisir des débris de cette viande laissés par les hommes sur la pierre où on avait dépecé. Le bizarre grognement des sauriens, quelque peu semblable à une sorte de hennissement bref, a plus d'une fois, dans le silence de la nuit, retenti à nos oreilles maintenant aguerries.

La matinée brumeuse nous permet à peine de distinguer, sur la rive, les silhouettes géantes des castanheiros.

Dans la demi-obscurité nous passons d'abord, le prenant par la rive gauche, un TRAVESSÃO assez à pic, de un demi-mètre de hauteur.

Confection d'une ubá : l'ubá va à l'eau.

Puis, comme le jour s'ouvre enfin aux rayons du soleil déjà haut, nous passons la CACHOEIRA DAS TRES BOCCAS, ainsi appelée par mes hommes parce que, de ses *trois travessãos*, celui d'aval offre trois « bouches » ou canaux dans le pedral de la chute. Des trois travessãos, celui du milieu est le plus faible, celui d'aval et celui d'amont sont à peu près de même force. Le dénivellement total est d'environ 1 mètre et demi. La cachoeira se passe par le canal accosté à la rive droite, canal étroit resserré entre le pedral central et les branches qu'il nous faut couper.

Au-dessus de la cachoeira, la rivière nous présente un fond modeste, de 50 centimètres environ. Les raies ne sont pas rares sur le fond sableux, où elles restent immobiles et comme clouées jusqu'à ce que le mouvement d'eau

Confection d'une ubá : l'ubá est à l'eau.

déterminé par le canot les fasse se mouvoir soudain dans une poussée automatique, rectiligne et silencieuse.

Des raies et des jacarés dans l'eau, des ciganos dans les buissons, des castanheiros sur les collines des rives, des travessãos et des cachoeiras : voilà le Paraupeba.

Nous entendons une forte cachoeira à une petite distance en amont. L'estirão en aval est relativement large, mais il a peu d'eau, juste assez pour nos petites montarias.

Notre cachoeira, que nous avons appelée la Cachoeira Comprida, présente d'abord quatre « bouches » dessinées par trois îlets. Rive gauche, entre la terre ferme et l'îlet occidental, la cachoeira se produit sur un pedral qui occasionne, selon la hauteur des eaux, deux ou trois ressauts successifs. Ce travessão se décompose actuellement en trois chutes. Entre l'îlet occidental et l'îlet central, une brèche à pic, large d'une dizaine de mètres, sur laquelle l'eau bondit (la couvrant en totalité ou seulement en partie, selon le niveau des eaux), puis tombe, d'un seul saut de près de 2 mètres, dans le bassin calme d'en bas. Entre l'îlet central et la terre ferme de rive droite, à la pointe de l'îlet oriental, la rivière présente un ensemble de travessãos suivis, partagés en deux sections par l'îlet oriental, travessãos qui font saut en arrivant au bassin calme en aval.

Le dénivellement total de ce premier ensemble de travessãos latéraux est d'environ 2 mètres.

Nous prenons par le pedral de la rive gauche pendant que les hommes passent les montarias par le *Travessão occidental.* C'est d'abord, accostée à la rive gauche, une masse de rochers noirs faisant, sur divers points, des entonnoirs où les eaux d'hiver s'engouffrent en tourbillonnant. Puis au delà du Travessão occidental, le pedral se poursuit vers les petites îles d'amont.

Ce Travessão occidental, que les hommes passent sans trop de difficultés, peut se subdiviser, d'aval en amont, en trois ressauts reliés entre eux.

En amont du Travessão occidental, par lequel débouche, de ce côté, la Cachoeira Comprida, nous prenons, rive gauche, par derrière l'île accostée à la terre ferme. Un étroit canal où l'on peut sauter, de roche en roche, de l'île à la rive, donne accès vers l'amont au prix de travessãos relativement praticables, rapides brefs où il y a actuellement juste assez d'eau pour passer, mais où les eaux d'hiver coulent impétueusement, remplissant le canal qui déborde.

Le *Premier* de ces *Rapides*, le *Deuxième* et le *Troisième* sont moyens; un *Quatrième,* dans un pedral compact, est plus faible, mais a très peu d'eau. Un peu en amont, dans un pedral de grosses roches, un *Cinquième* travessão et un *Sixième*, peu élevés, mais à pic, dans les brèches étroites du pedral. Puis la rivière redevient libre.

La Cachoeira Comprida, dont le dénivellement total est d'environ 6 mètres, présenterait les plus grandes difficultés à une egaritea, mais avec nos petites montarias nous pouvons passer partout, partout où la rivière nous offrira seulement 25 à 30 centimètres d'eau.

Au-dessus de la Cachoeira Comprida, d'abord rive droite, puis ensuite sur les deux rives, principalement dans les terres hautes, mais même dans les terres d'apparence basse et marécageuse, partout les castanheiros se présentent en abondance.

La rivière est maintenant élargie presque au double; plus en amont, elle se maintient encore longtemps avec un élargissement notable.

Voici que nous entrons dans la région montagneuse. Rive droite, un « morro » d'une cinquantaine de mètres d'altitude relative nous donne l'éminence la plus saillante que nous ayons rencontrée depuis le Surubim. Dans les forêts d'alentour, les castanheiros sont toujours abondants.

Au-dessus de quelques estirãos semés d'îlets, nous dormons en aval d'un saut dont le bruit sourd, au sein du silence de la nuit, parvient distinctement jusqu'à nous. La chute, encore inconnue, dont le grondement nous menace d'en haut; les jacarés qui évoluent, silencieux ou hennissants, dans la petite rivière qui coule au pied de nos hamacs; les moustiques qui bourdonnent, assiégeant nos moustiquaires; de bons canotiers, fatigués mais joyeux, qui devisent gaiement avant de s'endormir, le rifle sous le hamac; — comme on se sent loin de toutes les modernes Babylones et des maquignons qui les gouvernent!

4. — Nous allons vers la grande chute. C'est d'abord une assez grande île que sectionnent des « furos ». Prenant par le bras oriental qui est le plus important, nous arrivons, après une direction sud puis une direction ouest, en face d'un barrage de rochers compacts coupant toute la rivière de l'est à l'ouest. Cette espèce de muraille faisant barrage vaut à la cachoeira le nom de Cachoeira do Paredão.

Une eau rare file entre ces rochers dressés en muraille de 2 mètres de hauteur. Il est absolument impossible de passer là quelque embarcation que ce soit, à moins de la hisser perpendiculairement au-dessus du barrage. L'eau qui sourd par endroits dans l'épaisseur du mur ou à sa base est en quantité insuffisante pour déterminer le moindre courant dans l'eau qui dort au bas de la digue naturelle. L'hiver, le saut à pic doit être véritablement magnifique.

Nous cherchons un « desvio ». Le desvio est rive gauche; il rachète, par

Notre baraque à la Cachoeira Grande.

un rapide et deux petits sauts successifs de 1 mètre au plus chacun, la pancada, maintenant à sec, de la rive droite.

En amont de la Cachoeira do Paredão, au-dessus de deux estirãos traversant des forêts riches en castanheiros, c'est la Cachoeira da Lage.

La Cachoeira da Lage est ainsi nommée d'une grande « lage », ou suite de roches plates, qui est rive gauche. Toute l'eau de la rivière passe maintenant ici par un canal étroit, resserré entre la « lage » de la rive gauche et le pedral de la rive droite. C'est par une brèche qui n'a guère plus de 4 mètres de largeur, faisant, d'amont en aval, une petite pancada, puis une plus grande, puis une moyenne, donnant un dénivellement total de un peu plus de 1 mètre, que passe la presque totalité de l'eau de la rivière, trop basse maintenant pour envahir le pedral voisin.

Au sortir de la cachoeira, sur un tronc d'arbre pourri tombé au travers des buissons bas de la rive, un boa de 5 à 6 mètres est allongé, son corps mon-

Cachoeira do Surubim, rive droite.

strueux luisant au soleil. Quelques balles de rifle déterminent chez le monstre endormi quelques mouvements lents qui, petit à petit, font glisser dans les fourrés, où elle disparaît, l'horrible bête qui ne s'est même pas retournée et dont nous n'avons même pas aperçu la tête.

En amont de nos deux fortes cachoeiras successives du Paredão et de la Lâge, la rivière, pendant quelques estirãos, semble ne plus couler du tout. L'eau dort, immobile et sombre, reflétant les têtes des castanheiros riverains.

5. — Au réveil, on tue un jacaré près des montarias. Raies venimeuses, crocodiles, boas, moustiques, c'est au milieu de ces compagnons de lutte pour la vie que l'animal qui a la face tournée vers le ciel commença à évoluer, en

s'éveillant soudain à la conscience de soi et des choses, dans un petit coin de l'espace, à un moment indéterminé du temps, au sein des manifestations de l'inconnaissable. Et l'animal à la face tournée vers le ciel a chassé les moustiques, écrasé les bêtes venimeuses, vaincu les crocodiles et les boas, et il s'est mis, sans hésiter, à la poursuite de l'infini. Voilà peut-être bien, tout de même, le mystère que nous n'arriverons jamais à pénétrer. Jamais....

Les roches encombrent de plus en plus le lit de la rivière rétrécie. Rive gauche, en face d'un petit rapide que nous passons à la vara, elles s'érigent en gros blocs sur lesquels sont allongés, amenés là par les grosses eaux d'on ne sait quelle époque diluvienne, de gros troncs d'arbre pourris de vétusté, colosses végétaux ruinés mais non détruits dont l'ombrage a peut-être été contemporain des hommes des premiers jours.

La Cachoeira das Pedras Chatas présente *deux travessãos* parmi de grandes pierres plates éparses dans le lit de la rivière. On passe par les brèches, où l'eau, maintenant rare, bondit entre les roches. Le travessão d'amont est le plus fort. Le dénivellement total est d'environ 1 mètre.

La Cachoeira Secca offre d'abord un *petit « salto »* d'une trentaine de centimètres de hauteur, puis *quatre travessãos* successifs, de force moyenne, dans la rivière presque à sec. Il nous faut, au travessão d'amont, faire un chemin en déplaçant les roches du fond du lit, et encore racle-t-on le fond au point de décalfater complètement les montarias à chaque travessão qu'on passe. Enfin, en amont de la petite île de chaque côté de laquelle se produisent et le salto et les quatre travessãos, ce sont encore *deux* autres *travessãos*, moyens, mais également à sec, et où il a fallu également déplacer les pierres pour passer.

Et, en amont, c'est toujours la même chose : au-dessous du barrage, l'eau ne court plus.

Soudain, à l'extrémité d'un de ces estirãos dormants, une assez forte chaîne de montagnes nous apparaît dans l'intérieur. Le sommet central nous présente, sur le flanc, une masse rocheuse noire rappelant Aribarú au Xingú. Cette *Serra da Pedra Preta* est sur la rive droite du Paraupeba.

A une forte cachoeira, à une petite distance en amont, la rivière se dédouble. Elle se divise même en trois bras : le bras central, le plus large et le plus profond, qui est le Alto Paraupeba; un assez important affluent de gauche que ses eaux froides nous ont fait nommer le Ribeirão da Agua Fria, et un affluent de droite, sensiblement plus petit.

Cette Cachoeira dos Tres Braços se produit parmi des îles allongées et de grosses roches maintenant presque complètement hors de l'eau.

Une *Première Pancada* est constituée par un travessão présentant un dénivellement brusque de 30 centimètres environ.

La *Deuxième Pancada*, dans des brèches plus ou moins latérales, parmi les rochers semés entre les îles, présente 1 mètre de dénivellement à peu près à pic.

La *Troisième Pancada* est à peu près identique à la seconde comme configuration et comme dénivellement.

Il me paraît que c'est de cette Cachoeira dos Tres Braços qu'est retourné le P. Manoel da Motta, en 1721.

Arrêtés un instant pour étudier le confluent du Ribeirão da Agua Fria, nous poursuivons vers amont. Pour s'unir au Paraupeba, le Ribeirão da Agua Fria se divise en deux bras, dont celui d'amont paraît remonter le cours de la rivière.

Un *Rapide*, à la pointe d'aval d'une île qui s'étend entre le Ribeirão da Agua Fria et le Paraupeba, et un autre *Rapide*, à la pointe d'amont de la même île, terminent, en amont, la Cachoeira dos Tres Braços.

Au-dessus de la Cachoeira dos Tres Braços, castanheiros et capueranas deviennent plus rares ou disparaissent. On sait que ces deux arbres vivent dans les mêmes régions : quand il y a des capueranas sur le bord des cours d'eau, il y a généralement des castanheiros dans l'intérieur.

6. — Nous continuons à vivre en mauvaise intelligence avec les jacarés. Cette nuit, ils sont venus nous voler des poissons que les hommes avaient ouverts sur le pedral où l'on a dormi et où on a tiré à sec les deux montarias, qui font maintenant trop d'eau pour qu'on puisse se dispenser de prendre chaque soir la précaution de les échouer pour les empêcher de remplir.

Malgré nos tirs de rifle de cette nuit au moment où ils commettaient leur larcin, les jacarés, ce matin, viennent assister à notre embarquement, tranquilles, à quelques mètres de nous. Nulle leçon n'y fait.

Nous allons par des rapides à sec, tirant les montarias sur les pierres dans le courant presque complètement tari.

Parfois ce sont des estirãos de rivière large et profonde, s'écoulant très lentement entre des rives hautes où réapparaissent les castanheiros.

Parmi les essences de la forêt, mes hommes remarquent le palmier *patioba* et le *pao machado* qui, dans leurs sertões de la Haute Araguaya, sont l'indice certain du voisinage des campos. C'est en « patioba » que les Indiens Cayapós font le plus fréquemment leurs arcs.

Toutefois les campos du Haut Paraupeba ou du Alto Itacayuna ne sont

Cachoeira do Surubim, vue d'ensemble.

qu'une possibilité, à peine une probabilité, nullement une certitude. A ce sujet, on ne possède aucune donnée bien positive, mais seulement un petit nombre d'assertions dignes de créance, impliquant l'existence de campos à peu près vers cette région.

On a vu plus haut, dans la lettre du P. Gil, la géographie de ces campos d'après le capitão Domingos et M. José Alexandre. Les campos de S. José s'étendraient, de l'est à l'ouest, jusqu'au Paraupeba qui, dans la région de ses sources, ne coulerait pas à plus d'une cinquantaine de kilomètres de l'Araguaya et parallèlement à cette rivière. Les campos, qui s'étendraient est-ouest de

S. José au Paraupeba, se prolongeraient est-ouest, du Paraupeba au Alto Itacayuna et du Alto Itacayuna vers le Xingú.

D'autre part, les gens de l'Araguaya prétendent qu'on aurait naguère découvert des campos « centraes » par le travers occidental de la Cachoeira Grande. De leurs informations comparées et coordonnées il résulterait que, à un jour et demi de marche à l'ouest de la Cachoeira Grande — soit environ 30 kilomètres en ligne droite — on rencontrerait ces campos. Sous le parallèle de la

Serra do Surubim.

Cachoeira Grande on trouverait successivement : à 5 kilomètres de l'Araguaya un grand castanhal, à 5 kilomètres au delà du grand castanhal l'Igarapé da Gamelleira, et à 20 kilomètres au delà de l'Igarapé da Gameilleira les premiers campos du Alto Paraupeba, d'abord des campinas, paraît-il, campinas au delà desquelles on aurait trouvé des Campos Grandes, indice du voisinage des Campos Geraes. Dans cette région, ces campos ne s'étendraient pas loin du nord. En effet, il y a quelque temps, une expédition de gens de S. Vicente, sous la conduite d'un certain capitaine Jorge ayant poussé pendant huit jours au delà de l'Araguaya dans la direction de l'ouest ne trouva ni campos, ni campinas mais seulement la forêt ininterrompue semée de nombreux castanhaes.

Les campos s'étendraient du Alto Paraupeba au Alto Itacayuna et du Alto Itacayuna vers le Xingú.

Sous la ligne tirée de la Cachoeira Grande do Araguaya au confluent du Rio Fresco, les campos commenceraient donc à environ 30 kilomètres de l'Araguaya. A environ 180 kilomètres plus loin on rencontrerait le Paraupeba, à environ 90 kilomètres au delà le Alto Itacayuna au delà duquel, à 120 kilomètres plus loin, le confluent du Rio Fresco et du Xingú.

Les 180 kilomètres de campos qui s'étendraient à l'est du Alto Paraupeba, en amont du point que nous avons atteint avec nos montarias, sont nécessairement coupés de cours d'eau. Mais quant au prétendu « Itacayuna » qui aurait été vu à environ 50 kilomètres à l'ouest de la Cachoeira Grande d'Araguaya, par conséquent à environ 20 kilomètres déjà dans les campos, ce ne doit être, puisque l'Igarapé da Gamelleira reste à environ 10 kilomètres de l'Araguaya, ce ne peut être qu'un affluent du Bas Itacayuna, soit l'Igarapé do Engano soit l'Igarapé do Sororó, à moins que ce ne soit cet Igarapé do Apinagé qui débouche dans l'Araguaya un peu en amont de S. João. C'est un de ces trois igarapés que les gens de S. José ont pris pour le bras oriental de l'Itacayuna, mais plus probablement l'Apinagé, à moins que ce ne soit le Sororó.

Quant aux Indiens que doit, en ce moment, visiter le P. Gil au delà du bras principal de l'Itacayuna, si c'est véritablement le Alto Itacayuna que le P. Gil va franchir dans la région des sources, il se peut, en effet, comme l'ont dit les Cayapós, que ce soient des Chicrîs qui l'habitent par là, bien que cette région me paraisse devoir être plus spécialement celle des Purucarús.

Toujours est-il que l'existence d'une tribu indienne dans la zone qui s'étend entre le confluent de l'Itacayuna et le confluent de Rio Fresco nous paraît un fait hors de doute.

La fumée que j'ai vue s'élever des campos du Bas Rio Fresco, des vestiges de passages d'Indiens dans la région du Morro Vermelho, de subites apparitions d'Indiens inconnus à l'Igarapé do Bacury et à l'endroit appelé Prata, un peu en amont du confluent de l'Itacayuna sur la rive gauche du Tocantins, tous ces faits réunis attestent l'existence d'une tribu dans la région indiquée.

Nous avons déjà vu que lorsque mon canotier José Gavião se perdit dans la région du Morro Vermelho, il y rencontra des traces du récent passage d'Indiens inconnus. Plus récemment, des habitants du Burgo Agricola de Itacayuna chassant dans la direction du Morro Vermelho, auraient rencontré une petite maloca misérable qui paraissait abandonnée depuis peu de temps et une petite roça épuisée qui semblait avoir été aussi assez pauvre.

Il y a cinq ou six ans, en aval de Prata, à l'endroit nommé Arara, une quarantaine d'Indiens inconnus, hommes, femmes et enfants, se montrèrent soudain. Ils firent comprendre, par signes, qu'ils avaient voyagé pendant quantité de « dormir » et qu'ils venaient d'une région de campos. L'année suivante ces mêmes Indiens se montrèrent encore. Ils se familiarisèrent un peu. Voyant des bœufs ils dirent qu'ils rencontraient parfois quelques-uns de ces animaux dans leurs campos. On conjectura que ces Indiens venaient de la région des sources de l'Apinagé ou d'au delà, parce que, les années précédentes, quelques bœufs des petites fazendas de cette rivière s'étaient perdus et n'avaient plus reparu.

Lors de ce second voyage, les mystérieux Indiens paraissaient fatigués, malades, quelques-uns portaient encore les cicatrices fraîches de blessures récentes : ils paraissaient venir de la guerre plutôt en fuyards qu'en vainqueurs. Depuis on ne les a plus revus.

Il y a deux ans un jeune Indien, plutôt encore adolescent qu'homme fait, apparut, tout seul, près de Bacury, dans le sentier d'Itaboca. Les gens d'ici, qui ignorent l'existence des Cayapós Chicrîs, me dirent que lorsqu'il se fut un peu accoutumé au langage des civilisés il leur « expliqua » qu'il s'appelait *Chicrî*. Chicrî resta quelque temps avec les civilisés, travailla avec eux à la « safra » de la castanha, et, récemment, mourut, parlant assez mal le portugais et n'ayant appris sa langue à personne.

Enfin, actuellement, pendant que nous explorons l'Itacayuna (car je n'ai appris le fait qu'à mon retour), il est « sorti », toujours au Bas Bacury, de nouveaux Indiens inconnus, deux hommes et sept femmes, tous blessés, paraissant venir de la guerre comme ceux qui ont « sorti » ces dernières années à Prata. Après avoir erré quelques jours dans la région du Bas Bacury, ils ont pris par le sud dans la direction de Jatobá et ont disparu sans qu'on ait suivi leurs traces. On a cru comprendre à leur mimique qu'ils disaient qu'il y avait « la guerre » dans le haut de l'Igarapé do Bacury.

Les Indiens qui, par deux fois, se sont montrés à Prata sont-ils de la même tribu que ceux qui, par deux fois, se sont montrés au Bacury? Les sept femmes

Cachoeira Comprida, rive droite, aval.

et les deux hommes apparus ces jours derniers sont-ils « Chicrìs » comme le jeune homme d'il y a deux ans? Et les Indiens par deux fois apparus à Prata sont-ils Chicrìs également? Alors contre quelle tribu ces Chicrìs sont-ils en guerre? Seraient-ce ces Chicrìs dont on aurait vu les traces au Morro Vermelho? Autant de questions auxquelles il est, dans l'état actuel de nos connaissances, impossible de répondre d'une manière satisfaisante.

A toutes ces questions il faut en ajouter une autre, peut-être décisive :

Comment ces Indiens voyagent-ils? Ils ne sont pas canotiers, on ne leur a jamais vu la moindre ubá. Or, est-il admissible que ces Indiens, d'apparence plutôt misérable, puissent, même pour fuir des ennemis, s'enfoncer ainsi au sein d'immenses profondeurs de forêts vierges? Il est plus naturel d'admettre

Cachoeira Comprida, rive gauche, amont.

que les Indiens qui « sortent » au Bacury, comme ceux qui « sortent » à Prata, viennent des campos. Ceux qui sont apparus au Bacury étaient-ils véritablement des Chicrîs? Le fait que le jeune « Chicrî » apparu là il y a deux ans était seul porterait plutôt à croire qu'il s'agissait, plus probablement, dans ce cas, d'un captif en état d'évasion. Alors ce seraient des Chicrîs qui apparaîtraient à Prata et probablement des Purucárús qui apparaîtraient au Bacury, les deux tribus allant s'attaquer en contournant, par les campos de la région des sources, la grande forêt de l'Itacayuna et du Paraupeba. Dans cette hypothèse les Chicrîs seraient cantonnés *entre le Paraupeba et l'Araguaya* et les Purucarús *sur le Alto Itacayuna et le*

Bacury. Il appartient au temps et peut-être au P. Gil d'éclaircir ce mystère.

Toutefois, même en admettant dès maintenant toutes les hypothèses ci-dessus, on peut se demander comment il se fait que les Indiens « du Bacury », supposés être des Purucarús, Indiens de campos, ne sortent jamais par les campos tout voisins qui sont au nord, mais seulement par les forêts d'Itaboca? De grands campos en effet s'étendent dans les hauts du Ribeirão do Remansinho à une petite distance au nord de l'Igarapé Grande ou Ribeirão do Bacury. Le Ribeirão do Remansinho, à un jour de montaria en amont du confluent, traverse, dit-on, un castanhal au delà duquel le ribeirão d'abord présente une sorte de petite expansion lacustre, puis coule, rétréci, entre des masses rocheuses après quoi on rencontre, presque de suite, une grande forêt de terres hautes. Ayant poursuivi à travers cette forêt dans une direction que l'on croit être celle du sud, sur un parcours que l'on peut évaluer à environ 30 kilomètres, on arrive à un vaste campo dont on ne sait pas l'étendue, mais qui se rattache vraisemblablement aux campos du Alto Itacayuna par les campos que l'on croit exister dans le haut du Bacury. Ces campos du Remansinho doivent constituer la pointe nord des Campos Geraes qui traversent tout le pays depuis le Haut Araguaya. Au nord du Remansinho ce n'est plus le Campo Geral mais seulement, en réalité, le Campo isolé, plus ou moins vaste. Encore le Campo do Remansão et le Campo do Funtis ne sont-ils guère que des « campestres » et le Campo do Bréo branco ainsi que le Campo do Arumatheua des campos véritables mais d'une étendue restreinte et méritant plutôt le nom de « campinas », surtout celui de Arumatheua dont une partie n'est d'ailleurs que « campestres » et « carrascos ». Si le Ribeirão do Remansinho est la limite septentrionale des Campos Geraes de l'Araguaya, c'est sans doute à l'Igarapé do Bacury que, dans leur partie septentrionale, ces campos se rapprochent le plus du Tocantins, ce qui explique que ce soit par ce point que les Indiens des campos de l'ouest, Purucarús ou autres, cherchent à prendre contact avec les civilisés de la grande rivière.

Fermant ici cette longue digression à propos du palmier *patioba* et du pao *machado*, il nous faut poursuivre notre route vers les hauts du Paraupeba.

Nous recommençons à trainer les montarias sur les roches des rapides. Un peu en amont un autre petit travessão que l'on passe par la brèche centrale.

La rivière n'est plus qu'un ruisseau. Sur les rives, toujours quelques castanheiros devenus plus rares.

Les arbres tombés en travers commencent à nous barrer la route; nous hissons les montarias par-dessus. Quand elles retombent dans l'eau, les embarcations sont tellement décalfatées qu'elles empliraient en quelques minutes si l'on ne s'occupait d'urgence de boucher les plus grands trous.

Et les « seccos » se succèdent n'offrant, par endroits, qu'un maximum de 20 centimètres d'eau. Fréquemment il nous faut passer notre petite charge par terre; les montarias à vide sont conduites, traînées, portées à la main par les hommes dans le chemin incertain où les raies venimeuses se promènent dans le fond du ruisseau.

Toute la journée nous longeons une chaîne assez compacte, la *Serra do Paraupeba*, qui nous accompagne à l'ouest de la rivière. Cette chaîne ne paraît pas beaucoup moins importante que celle du Surubim, certains sommets sont même plus élevés et doivent atteindre ou même dépasser 150 mètres d'altitude relative.

7. — Dans le brouillard matinal qui pèse lourdement sur les forêts de notre ruisseau, les hommes recalfatent encore une fois les montarias que les « seccos » d'hier ont mis hors d'état de naviguer plus loin. Maintenant c'est à peu près chaque jour qu'il faut passer une heure ou deux au calfatage.

Nous passons d'un « secco » dans l'autre. Même en montaria, en petites montarias comme les nôtres, on ne peut plus voyager. Il faut, constamment, traîner les montarias à la main sur le fond pierreux des « seccos »; dans ces conditions on ne fait guère plus de deux ou trois kilomètres par jour. De plus, il ne faut pas perdre de vue que, dans ces conditions, nos petites embarcations au ventre déjà si éraflé peuvent fort bien, d'un moment à l'autre, quand on les traîne sur quelque roche aiguë, crever complètement et nous abandonner en plein désert, séparés du plus proche civilisé à l'habitation plus ou moins problématique par environ 180 kilomètres, en ligne droite, de profondeurs de forêts vierges ou de campos également impratiqués.

Il nous faut revenir. Nous sommes à peu près par 7°56′ de latitude sud et 52°54′ de longitude ouest de Paris, à 180 kilomètres en latitude du cours de l'Araguaya et à 220 kilomètres du Bas Rio Fresco au Xingú, également par le travers est-ouest. Notre altitude est d'environ 125 mètres au-dessus du niveau de la mer.

Depuis le confluent de l'Itacayuna et du Tocantins nous avons passé 206 cachoeiras, saltos, travessãos, seccos ou rapides.

Cachoeira do Paredão, rive droite.

Nous passons la nuit à terre, à notre station de la Cachoeira dos Tres Braços, à une petite distance en amont de cette cachoeira.

8. — Réveillés par la très grande fraicheur du matin, nous poursuivons, au petit jour, vers la grande cachoeira d'aval.

Nous traversons à son confluent le Ribeirão de Agua Fria. L'eau de ce ribeirão vient se mêler aux eaux du Paraupeba partie en suivant la pente et la direction normales, partie en contournant un îlet, formant ainsi un petit delta dont le bras d'amont remonte, coulant sud, pour gagner le lit de la rivière principale, et dont le bras d'aval coule normalement nord entre la rive et un îlet rocheux que continuent, en aval, deux autres îlets plus petits qui continuent la séparation des eaux du Ribeirão de Agua Fria et du Paraupeba.

Cachoeira do Paredão, rive gauche.

L'eau du Ribeirão de Agua Fria est ce matin, à 7 heures 1/2, à 23° et celle du Paraupeba à 27. Il est curieux que cette petite différence suffise pour donner, au toucher, une sensation de fraîcheur sensiblement plus grande à l'eau du ribeirão. La température ambiante est d'ailleurs au-dessous de celle de l'eau des deux rivières : elle est de 21°.

9. — Par le brouillard épais où nous nous guidons comme à tâtons, nous descendons ce matin la Cachoeira do Paredão. En aval l'eau a encore baissé

et il faut que, même pour descendre, les hommes passent encore les montarias à la main.

Arrivés à la Cachoeira Comprida, nous renonçons à descendre par notre canal de rive gauche, suivi à la montée, et à plus forte raison par le canal de rive droite, le premier étant trop à sec et le second plus à sec encore. Nous prenons par le Canal Central qui a plus d'eau et qui, au prix de deux pancadas, nous sauve de tous les petits travessãos des canaux latéraux. La *Pancada de cime* fait une première petite chute, puis, immédiatement au-dessous, une seconde chute encore plus petite, les deux donnant ensemble un dénivellement total d'environ 1 mètre. Aux grosses eaux, il ne doit y avoir là qu'un rapide.

La *Pancada de baixo* se produit au bas d'une déclivité sur laquelle court, selon la saison, une eau plus ou moins abondante et impétueuse. En aval le travessão final n'est pas à pic, mais sur un plan incliné à 60°. Le dénivellement de l'ensemble de la Pancada de baixo est de plus de 2 mètres.

Quant au dénivellement total de l'ensemble de la Cachoeira Comprida par le Canal Central, il donne environ 5 à 6 mètres, chiffre identique à celui que j'avais trouvé à la montée pour le dénivellement total du « desvio » de rive gauche.

La Cachoeira das Tres Boccas nous paraît maintenant plus à sec et d'un dénivellement plus brusque qu'elle ne nous avait semblé à la montée : les eaux ont un peu baissé.

A la Cachoeira da Praia nous remplissons à moitié en passant le travessão d'aval, bien que nous descendions avec la prudence requise : tous les hommes à l'eau conduisant et retenant de leur mieux les montarias.

10. — Le matin est noir, le ciel sombre nous menace de pluie. Il est à désirer qu'elle ne nous prenne pas, car elle enverrait nos montarias au fond. Elles font déjà tellement d'eau que, toutes les sept minutes, moyenne prise, c'est à peu près cent litres qu'il faut jeter dehors. Or ce travail odieusement fastidieux, besogne de Danaïde, les hommes étant occupés à ramer et moi à revoir mon levé, c'est la pauvre photographe-cartographe qui, pour ne désoccuper personne, en assume la peine et l'ennui, dans le but de pousser avec la plus grande diligence ce voyage de fatigues nouvelles et de privations jusqu'a-

lors inconnues. Et le soir, pour se distraire, et aussi pour nous donner à manger, — car nos provisions, en sus des rifles et des hameçons, sont peu de chose, — elle pêche à la ligne notre dîner à nous deux : quelque piraï que nous ne pouvons manquer de trouver excellente en pareille occasion.

11. — Avant de se réunir à l'Itacayuna, quelques estirãos avant le confluent, le Paraupeba se rétrécit sensiblement, particularité commune à beaucoup de rivières de la contrée.

Voici les îles du confluent. Nous sortons des eaux sombres du Paraupeba pour entrer dans les eaux claires du Alto Itacayuna.

CHAPITRE VI

Le Alto Itacayuna. — Primeira Secca. — Cachoeira do Jahú. — Segunda Secca. — Cachoeira do Pavão. — Travessão. — Chasse à la brume. — Retour et raisons du retour. — Distances parcourues. — Danger de la descente. — En aval du Paraupeba. — Cachoeira da Confluencia. — Retour à la Cachoeira do Surubim et à la Cachoeira Grande. — Les Itacayunenses, leur baraques temporaires, leur vie nomade. — Les Gorgulhos de Agua Suja et do Arapary. — Cachoeira da Bocca. — IMPRESSIONS D'ENSEMBLE SUR L'ITACAYUNA.

Le Alto Itacayuna, au confluent, est large, deux ou trois fois plus large que le Paraupeba, mais il a médiocrement d'eau : on y va à la vara avec peu de fond. D'assez vastes marais s'élèvent sur la rive gauche. Bientôt on passe un *Travessão*, moyen, toutefois avec assez d'eau.

Les *botos* (souffleurs), qui n'entrent pas dans le Paraupeba, se rencontrent dans le Alto Itacayuna comme dans le cours inférieur de la rivière. L'Itacayuna en amont du confluent du Paraupeba conserve l'aspect qu'on lui connaît dans le cours inférieur : il n'y a pas deux formateurs et la rivière qui en résulte, il y a une rivière unique et un affluent.

Toutefois le cours supérieur de l'Itacayuna se différencie suffisamment de son cours inférieur : les cachoeiras sont moins fortes et moins nombreuses, la castanha a presque disparu.

Encore un *Travessão*, puis un autre *Travessão*, tous deux médiocres et qu'on passe aisément à la vara. En amont les montarias raclent déjà sur les roches : dès ici l'eau est insuffisante par endroits.

Une cachoeira dite de la Primeira Secca se présente à nous avec ses *cinq Travessãos* consécutifs. L'eau est rare dans la rivière élargie, les hommes traînent à la main les embarcations sur le fond de pierres, parmi les pierres émergées. Ces pierres, sur un petit parcours, il nous faut même les déplacer pour passer....

Et en amont de cette Primeira Secca, la rivière, comme toujours en pareil cas, demeure sans courant apparent et se montre immobile comme un lac par le calme.

Salto d'aval du desvio de la Cachoeira do Paredão.

12. — Un matin sombre et humide, des nuages de pluie qui se pourchassent dans le ciel, nous font presque désirer que la saison des pluies commence avant l'époque ordinaire pour mettre un peu d'eau dans notre rivière presque tarie. Dès ici, dans des estirãos sans rapides, il arrive que nous échouons et qu'il faut se mettre à l'eau pour chercher un chemin aux montarias sur le bas-fond qui barre toute la rivière.

La Cachoeira do Jahú, avec ses *quatre Travessãos*, est moins longue, mais donne un peu plus de dénivellement que la Cachoeira da Primeira Secca. Tout de suite au-dessus les hommes sont obligés de se mettre à l'eau pour traîner les montarias sur les graviers du lit de la rivière, parmi les raies venimeuses troublées dans leur quiétude.

Comme le Paraupeba, le Alto Itacayuna ne présente que des bas-fonds ou des fosses; mais ici les fosses sont très rares et les bas-fonds très nombreux.

Les rives, presque constamment marécageuses, basses, nous laissent de temps à autre apercevoir quelques têtes de castanheiros parmi les forêts des collines centrales.

Une cachoeira dite de la Segunda Secca se présente maintenant à nous avec *sept Travessãos*. C'est d'abord un *Rapide* qu'on passe à la vara, puis un *Travessão* où il faut déplacer les pierres pour ouvrir un chemin aux montarias, puis *cinq* autres *Rapides* consécutivement passés à la vara.

En amont, comme les terres s'élèvent, les castanheiros se montrent, un peu plus nombreux, sur les rives et dans l'intérieur.

Nous naviguons très difficilement, cherchant notre chemin parmi les pierres : par endroits la rivière n'est plus qu'un grand pedral sur lequel s'écoule une eau lente et rare. Puis, après ces « seccos », ce sont des fosses relativement profondes où l'eau ne court plus.

13. — Des rives basses se succèdent, et des étendues marécageuses, le tout maintenant à sec. Souvent, sans être des terres noyées ou même des terres basses proprement dites, les terres des deux rives ne sont pas de haute végétation. Ce sont des terres intermédiaires, à la végétation fournie mais basse, et où rien ne fait pressentir le campo.

Par endroits la rivière, sans aucun courant à la surface, d'apparence absolument immobile, semble dormir dans de longs estirãos à l'eau relativement profonde où la vara n'atteint pas toujours.

Puis c'est quelque rapide où, parmi les roches, nous n'avons pas assez d'eau pour nos petites montarias qu'il faut passer à la main ou bien cherchant un bout de canal libre. Nous allons en zigzag, errant sur le bas-fond, revenant parfois sur nos pas pour trouver le bon chemin. De la montaria, en se penchant, on peut ramasser des cailloux dans le lit de la rivière. Le grand bras est plus à sec que l'affluent. Pour parvenir jusqu'à la région des sources, c'est aux grosses eaux, l'hiver, qu'il aurait fallu entreprendre le voyage.

En amont du pedral c'est un travessão de un demi-mètre de dénivellement, puis la rivière, en amont, paraît encore comme complètement arrêtée, avec des taches d'écume blanches immobiles aussi et qui paraissent comme clouées sur les eaux fondues en un impassible miroir.

Bien que les terrains que nous traversons soient plats, bas, moins accidentés que ceux de l'autre rivière, nous rencontrons cependant encore quelques pieds de castanheiros sur les rives ou dans l'intérieur.

Au dessus de la CACHOEIRA DO PAVÃO formée de deux travessãos offrant actuellement au total un dénivellement d'un peu moins de 1 mètre, la rivière recommence à présenter des fonds de moins de 50 centimètres où il faut que les hommes, tous à l'eau, recommencent à conduire, à la main, les montarias parmi les roches.

Sur les deux rives, toutes deux de terres basses aux végétations maigres, les castanheiros cessent de se montrer. Les raies et les jacarés, toutefois, pour apparaître en moins grand nombre, ne nous ont pas encore complètement abandonnés.

Nous passons encore, comme la nuit approche, un dernier TRAVESSÃO, de 1 mètre environ de hauteur totale et d'une pente assez brusque pour nous obliger à décharger complètement notre mince bagage. Pendant qu'on passe montarias et charge d'aval en amont, trois piraïs pêchées fort à propos par notre nouveau « pêcheur à la ligne » nous épargneront, pour ce soir, l'amertume qui accompagne le vide dans les marmites.

14. — Au lever, dans le brouillard épais, les mutums chantent vers les rives indistinctes. Il suffit de deux hommes à terre et bientôt trois mutums nous assurent les vivres de la journée. La brume n'a pu cacher, à nos chasseurs que la faim menace, la victime convoitée et nécessaire.

Un instant le brouillard nous arrête : dans la buée épaisse où nous tâtonnons nous voici errant, sans pouvoir en sortir, parmi des pedrarias presque complètement à sec. Et voilà bien, s'accentuant de plus en plus, la physionomie générale de la rivière : des pedrals où les montarias perdent la route, des fonds de sable avec insuffisamment d'eau pour une barque de pêcheur, puis, par endroits, des fosses où les varas n'atteignent pas le fond.

Encore quelques rares castanheiros sur les rives ou dans les forêts des terres moyennes de l'intérieur, des bas-fonds tantôt pierreux, tantôt sablonneux où il faut que les hommes se mettent à l'eau, bravant les raies venimeuses, pour

Salto d'amont du desvio de la Cachoeira do Paredão

avancer de 1 kilomètre par heure ou même moins; le voyage est lent, la rivière est large mais presque à sec et nos provisions sont minces.

Nous voici au 174e *Travessão* en ne comptant que ceux du Bas et du Haut Itacayuna; ce 174e Travessão est à l'extrémité d'un estirão nord-ouest. La rivière qui conserve encore, à l'estirão en aval de ce travessão, une largeur de 100 mètres, est ici, évidemment, bien loin de ses sources et il y a lieu de penser que, à l'époque des grosses eaux, elle donnerait encore une dizaine de jours de voyage d'egaritea à un bon équipage.

Décidément il faut bien que j'en prenne mon parti : je ne puis terminer actuellement l'exploration du Alto Itacayuna qui est, bien que maintenant trop à sec même pour de petites montarias, beaucoup plus important que je n'avais été amené à le supposer d'après le peu que l'on savait de cette rivière.

Le manque d'eau, éraflant et décalfatant à chaque instant, sur le fond rocheux, mes petites montarias, m'oblige à rebrousser chemin sous peine de

Serra da Pedra preta.

me trouver, d'ici peu de jours, sans embarcation et sans vivres pour descendre tous les rapides, travessãos et saltos de ce torrent aux rives désertes. Une exploration complète du Alto Itacayuna ne peut être menée à bonne fin qu'à l'époque des grosses eaux.

Aussi bien ne m'est-il pas possible de me risquer quelques jours plus haut dans le Alto Itacayuna : ce serait, pour la vaine satisfaction d'allonger mon lever de quelques kilomètres, m'exposer à compromettre le bon succès de la seconde partie, — combien plus importante ! — de ma mission : l'étude des canaux des Cachoeiras de Itáboca où il faut absolument que j'arrive au plus fort de la sécheresse, avant qu'aient commencé les premières pluies.

Ma décision bien arrêtée, je la communique à l'équipage que ces quelques jours de privations commençaient évidemment à fatiguer et à décourager quelque peu. Les braves barqueiros sont visiblement enchantés bien que, en garçons discrets qu'ils s'appliquent à être, ils se dominent pour ne pas laisser trop paraître leur joie.

Après déjeuner c'est le RETOUR.

Nous sommes ici par 5°50′ latitude sud, 53°2′ longitude ouest de Paris, et 116 mètres au-dessus du niveau de la mer. Le Bas Itacayuna nous a représenté un parcours de 160 kilomètres, nous avons remonté le Paraupeba sur 265 kilomètres, le Alto Itacayuna sur 135, soit un parcours total, à la montée, de 560 kilomètres, et, cela va de soi, 1120 kilomètres pour l'aller et le retour dans les deux bras de l'Itacayuna au-dessus du confluent de cette rivière avec le Tocantins.

Il nous faut descendre. Encore quelques regrets à l'estirão final, l'Estirão do Regresso, et nous voici encore, mais cette fois dans le sens de l'eau, par les longues et larges enfilades de l'étrange rivière presque aussi large vers ses sources qu'à son embouchure, — 100 mètres à l'Estirão do Regresso contre 140 mètres à l'Estirão du confluent.

Pour descendre comme pour monter il faut, à chaque rapide, que les hommes se mettent à l'eau et passent les montarias à la main. Sans cela la force du courant arriverait à nous mettre en travers par le rapide et nous remplirions, ce qui ne serait pas, sans doute, bien périlleux parmi ces bas-fonds, mais ce qui, tout au moins, pourrait inutiliser le matériel photographique.

15. — Par le brouillard, froid ce matin mais clair, nous descendons, lentement A chaque rapide et même en « rio manso » il faut, à cause des pierres, ralentir la marche des montarias, la rapidité de la descente y perd considérablement. Souvent même il faut conduire les montarias à la main.

Dans les estirãos libres nous accélérons la marche et malgré cela nous faisons peu de chemin, car la rivière court extrêmement peu, du moins maintenant, au cours de l'été. Ce qui explique que le temps que nous mettons à descendre ces rivières soit presque le même que celui que nous avons mis à les remonter[1].

16. — Ce soir nous repassons devant le confluent du Paraupeba. Ce confluent peut très bien, pour qui en ignore l'existence, passer parfaitement inaperçu, étroit qu'est le Paraupeba à sa réunion avec le Alto Itacayuna, réunion d'ailleurs masquée à moitié par des îlets et des saranzals.

17. — Par le brouillard clair nous cherchons notre chemin dans les rapides au-dessus de l'Ilha da Confluencia que nous prenons cette fois par le grand bras, celui de rive gauche.

Dans ce canal de rive gauche nous descendons la CACHOEIRA DA CONFLUENCIA qui fait pendant à la Cachoeira da Tapioca dans le bras de rive droite.

La Cachoeira da Confluencia se compose, d'amont en aval, d'un premier *Travessão*, assez fort, puis d'un *Rapide* tumultueux présentant toutefois peu de danger, puis d'un second *Travessão* à peu près de la force du premier.

18. — Nous passons la CACHOEIRA DAS TARTARUGAS sans encombre, par le canal de rive droite qui a encore assez d'eau pour nos montarias, mais tout juste. Un peu plus il faudrait décharger notre modeste bagage.

Le temps est humide, voilé, la pluie menace. Toutefois, quand même il arriverait à pleuvoir, maintenant que nous arrivons, ce serait moins gênant que si la pluie nous avait pris dans le Paraupeba ou le Alto Itacayuna où nous n'avions point emporté notre tente de campagne, ni même un seul parapluie.

Nous revoyons la forte chaîne du Surubim qui barre l'horizon au nord-ouest.

En passant la PRIMEIRA SECCA DO SURUBIM, la montaria que je monte achève de s'éventrer. Pour parcourir la petite distance qui nous reste jusqu'à notre station au bas de la Cachoeira, deux personnes doivent rester en permanence à jeter de l'eau pendant que le reste de notre petite troupe pagaye avec acharnement devant l'imminence du danger de remplir.

Nous arrivons enfin, à la nuit, à notre campement au pied de la CACHOEIRA DO SURUBIM. Notre tente de campagne est toujours là, abritant les quelques provisions que nous avions laissées à la garde de la solitude. Plus de campe-

1. *Itacayuna*, heures utiles, montée : 44 h. (réduites à heures de montaria), descente : 27 h.; *Alto Itacayuna*, montée : 25 h. 10, descente : 21 h. 05; Paraupeba, montée : 41 h. 50, descente : 34 h.

-ment de seringueiros dans les environs, ils se sont sans doute dispersés dans les forêts voisines à la recherche de nouveaux seringaes.

A la Cachoeira do Surubim l'eau a encore baissé, depuis notre départ, de 25 à 30 centimètres. Nous sommes au plus fort de la sécheresse.

19. — Partis tard de notre station au pied de la Cachoeira do Surubim,

Le Paraupeba au confluent du Ribeirão de Agua Fria.

nous n'arrivons qu'à midi à notre station de la Cachoeira Grande. Cette rivière est tellement déserte que c'est seulement avant-hier que les hommes que j'ai laissés ici ont eu des nouvelles de notre passage du Surubim en amont. Les gens de Catuaba, descendant la rivière, leur ont appris les événements de voici bientôt un mois, l'abandon de notre ubá et notre voyage au delà du Surubim avec deux petites montarias empruntées.

Nous allons quitter demain ma petite baraque de la Cachoeira Grande, la casa la plus importante de l'Itacayuna! Le reste des baraques — le plus souvent au toit de feuilles de 2 mètres de long sur 1 mètre de large, à 1 mètre de hauteur, juste de quoi mettre un hamac à l'abri, — toutes les baraques des Itacayunenses feraient piteuse mine à côté des baraques des castanheiros, gent pourtant bien pauvre, et surtout des baraques des seringueiros des

Ribeirão de Agua Fria.

rivières à borracha, véritable peuple de bourgeois à côté du lamentable petit clan qui erre dans les forêts du Bas Itacayuna.

20. — On recharge l'egaritea et, après déjeuner, nous descendons.

La rivière devient sensiblement plus étroite comme on s'achemine vers l'embouchure. Elle ne court pas; immobile, elle dort, comme dans les estirãos mansos du Alto Itacayuna et du Paraupeba. Elle a très peu d'eau, fréquemment nous rasons ou raclons les pierres du fond. Dans ces « seccos » il est difficile de trouver plus de 50 centimètres de fond libre. Tous les hommes sont à l'eau, tirant et poussant l'egaritea qui cherche son chemin à l'aveuglette sur le bas-fond caillouteux qu'elle racle. La marche est lente. Il faut déplacer des pierres pour passer, tout comme dans le Alto Itacayuna ou dans les hauts du Paraupeba.

Par endroits, comme à Viração Grande, la rivière, rétrécie, s'obstrue encore d'une plage de sable. N'était le courant de l'eau, on croirait que l'on va plutôt vers les sources que vers l'embouchure. La plage de Viração Grande est bien petite, on peut la considérer comme au milieu du chemin que parcourent les habitants de l'Itacayuna, et cependant nous y faisons la récolte de près de trois cents œufs de tartarugas. Ces pauvres Itacayunenses sont en ce moment éparpillés parmi les forêts, en retrait des rives, travaillant à leurs seringaes ou en cherchant de nouveaux.

C'est tout de même une chose qui frappe, quand on voyage dans ce Bas Itacayuna. Quand on sait qu'il y a ici une quarantaine de personnes, hommes, femmes et enfants, on est tout étonné de ne pas voir une baraque sur la rive, pas un commencement de roça, rien. Où ces gens-là vivent-ils? où s'abritent-ils la nuit? Ils sont épars dans les forêts de l'intérieur, leurs demeures nomades valant à peine le carbet quotidien de l'Indien en voyage.

21. — Nous arrivons ce matin à l'Ilha do Abarracamento où sont installés, en camp volant (bien entendu), les obligeants Catuaba, le père et le fils, qui m'ont prêté les deux petites montarias qui m'ont permis de poursuivre mon voyage au-dessus du Surubim. Les Catuaba continuent leurs explorations de seringaes. Cette sympathique famille paraît très médiocrement satisfaite des ressources que lui procure ce pauvre Rio Itacayuna. Ils vont achever de saigner les arbres qu'ils ont découverts et ils s'en vont, la saison finie, faire une nouvelle installation, — celle-là définitive, du moins dans leur esprit, — sur la rive gauche du Tocantins, à l'endroit appelé Secco Grande, dans une région de castanhaes.

En aval de chez les Catuaba, l'Itacayuna reste toujours très étroit et même, par endroits, le devient de plus en plus. Et tantôt l'egaritea racle sur les pierres, tantôt on rencontre des fosses où les varas n'ont plus prise.

Nous passons le Gorgulho de Agua Suja ou do Sororó, immédiatement en aval de l'important Igarapé do Sororó. Ce « gorgulho » est maintenant si sec qu'il faut que tout l'équipage descende et qu'on file l'egaritea avant-arrière dans les courants presque taris. Les hommes se glissent sous l'egaritea pour la soulever, sans pouvoir empêcher toutefois qu'elle heurte fréquemment aux pierres du fond sur lesquelles elle reste parfois quelques minutes assise, résistant aux efforts que font les hommes pour la soulever et la remettre à flot par delà l'obstacle. Dans le gorgulho on ne trouve pas plus de 25 à 30 centimètres d'eau, et nous voici presque au confluent !

22. — Nous touchons plusieurs fois au-dessous du Gorgulho de Agua Suja. Un *Rapide* en aval de ce Gorgulho et en amont du Gorgulho do Arapary est passé entre l'île et la rive gauche, avant-arrière et les hommes à l'eau, poussant, tirant, soulevant, comme pour le Gorgulho do Sororó mais avec moins de difficultés. En aval de ce Rapide, au bas d'un estirão où la rivière dort, absolument immobile, nous prenons le Gorgulho do Arapary.

Dans les hauts du Paraupeba.

Le Gorgulho do Arapary est passé également avant-arrière, mais avec assez d'eau pour n'avoir autre chose à faire qu'à mettre en amont deux hommes à la corde pour retenir l'egaritea abandonnée au courant aux soins du reste de l'équipage qui, donnant de la vara à droite et à gauche, lui fait éviter les roches. Un peu en aval, avant d'arriver à la Cachoeira da Bocca, encore un Rapide avec très peu d'eau, et le recommencement de la même manœuvre.

La Cachoeira da Bocca se passe, toujours par le procédé ci-dessus, lentement et avec assez de difficultés. L'avant-dernier travessão, qui fait maintenant une « pancada » de plus de 1 demi-mètre à pic, est également sauté sans encombre.

Au-dessous, l'Estirão da Confluencia n'a maintenant, à peu près partout, que de 1 demi-mètre à 1 mètre d'eau. Un homme qui, en ce moment même, traverse la rivière à gué, n'a pas d'eau au-dessus des reins dans les endroits les plus profonds.

Cet Estirão da Confluencia mesure 140 mètres de largeur moyenne.

Nous sortons de l'Itacayuna à deux heures et demie de l'après-midi pour continuer dans le Tocantins, en aval.

L'impression générale que laisse l'Itacayuna ne saurait être favorable.

Serra du Paraupeba.

L'Itacayuna est un grand torrent hivernal, mais non une grande rivière, un torrent fait tout du long de bas-fonds succédant à des fosses. Coulant à égale distance de l'Araguaya et du Xingú, — le Paraupeba est au tiers du chemin de l'Araguaya au Xingú et le Alto Itacayuna aux deux tiers du chemin, — ne conduisant pas aux Campos, — lesquels peuvent exister dans la région des sources, mais sont inaccessibles, à coup sûr, en egaritea et peut-être même en montaria, sinon l'hiver, — l'Itacayuna n'est le chemin de rien.

De par l'ensemble de la configuration géographique de la contrée, le chemin des Campos d'entre Araguaya et Xingú est, non pas par l'Itacayuna, mais par l'Araguaya, où ce chemin est déjà connu et même pratiqué. Le caoutchouc inférieur qu'on trouve à l'Itacayuna n'ayant guère plus de valeur que le sernamby, la seule ressource positive offerte par cette rivière est la castanha, abondante spécialement dans le Bas Itacayuna et le Paraupeba. Or la castanha est indubitablement beaucoup plus abondante au Bas Tocantins même, dès les premières cachoeiras et dans tout le Tocantins, dont elle constitue, non point, tant s'en faut, la richesse, mais à peu près l'unique industrie extractive, pour si peu rémunératrice qu'elle soit.

Un « secco » dans le Alto Paraupeba.

L'Itacayuna, qui n'est le chemin de rien, n'a donc, par surcroît, comme unique richesse, que la pauvre castanha et un caoutchouc coté comme inférieur.

On peut donc conclure, en résumé général, que l'Itacayuna, qui n'est le chemin de rien, qui n'est qu'une mauvaise artère, sans eau l'été et torrentueuse l'hiver, qui n'a pour unique ressource que la peu rémunératrice industrie de la castanha (encore bien moins rémunératrice à ces hauteurs), et cette autre, moins rémunératrice encore, d'un caoutchouc inférieur, à peine coté jusqu'à ce jour; l'Itacayuna, dans l'ordre des cours d'eau qui méritent, au point de vue des encouragements à la colonisation, de bénéficier d'une sollicitude spéciale de la part de l'État, l'Itacayuna vient dans les derniers rangs parmi les derniers.

CHAPITRE VII

Tempête. — Lacs du Camitaú. — Les plages. — Le Morro Vermelho est-il le Morro do Surubim ? — Une île disparue. — Instabilité des plages. — Rentrée dans le Tocantins héroïque. — Cachoeiras du Tauiry, d'Itaboca, d'Arumatheua. — Canal Grande do Tauiry. — Fonds de 40 mètres et plus. — Les forts *Rebujos da Bifurcação* et *da Capellinha*. — Les baptêmes du vieux *padre*. — CANAL CAPITARICUARA. — Cachoeira de Pirocabinha. — *Saltinho*. — *Rapide*, *Travessão*, *Travessão*. — Travessãos da Encontre d'Agua. — Paysages. — Tres Pedras. — Tres Boccas. — Sortie du Canal Capitaricuara. — Au Porto do Bruno. — CANAL DO INFERNO. — Pancada d'Aval. — Pancada do Meio. — Pancada Grande. — *Desvio do Inferno*. — Canal do Jatobá. — Retour par terre de Jatobá au Arrependido. — Au Porto do Bruno.

Un orage se forme en aval, comme nous entrons dans le Tocantins. La tempête soulève le sable des plages, qui s'enlève vers le ciel en nuages ou en fumées. L'ouragan éclate; à l'est et à l'ouest, des éclairs redoublés déchirent le firmament livide où se dessinent de fantastiques paysages. Le tonnerre retentit d'un bout à l'autre de l'horizon, on dirait parfois que c'est comme un bruit de cachoeiras qui se répercute, formidablement multiplié, dans le ciel bas tout voisin de la terre.

Nous dressons nos tentes de campagne à l'Igarapé das Novilhas, curieux petit ruisseau qui, bien qu'il n'ait même pas 1 mètre de largeur à son confluent, court toute l'année et ne tarit jamais, même au plus fort de la sécheresse.

23 septembre. — Nous allons maintenant à la rame longue, ce qui va doubler notre vitesse, ou peu s'en faut.

C'est le cœur de l'été, toutes les plages sont dehors.

Par endroits les plages se consolident, se fixent en se couvrant de buissons, et le canal central de la rivière, définitivement rétreci, devient plus profond.

A notre droite, la suite des *Lacs du Camitaú* fait pendant, dit-on, à la suite de lacs du Lago Vermelho. Ces lacs du Camitaú se continuent, paraît-il, jusqu'à la hauteur du Secco Grande. L'embouchure de l'émissaire dans le Tocantins est étroite; les lacs, qui présentent, paraît-il, les mêmes caractères que ceux du Morro Vermelho, communiquent entre eux de la même façon.

Ce Morro Vermelho, qui semblerait n'être autre que le Morro do Surubim, ou un des sommets de la chaîne à laquelle appartient celui-ci, reste encore quelque temps sur l'horizon comme un point d'interrogation, puis, comme nous nous éloignons davantage vers le nord, bientôt il disparaît tout à fait.

Nous passons maintenant, entre l'Ilha do Lago Vermelho et la rive droite, par 5 mètres de fond, au-dessus d'une île disparue il y a une vingtaine d'années, l'Ilha da Massarica, île assez importante où l'on trouvait des jatobás et d'autres grands arbres. Cette île a été, petit à petit, en peu d'années, enlevée par le courant. En même temps la plage, qui alors venait à peine à la pointe de l'île actuelle, s'est étendue, petit à petit, jusqu'à une grande distance en aval. De même la Plage du Jacaré, primitivement limitée à l'extrémité amont de l'île, s'est, chaque année, poussée quelque peu plus en aval. L'inconsistance de ces plages, leur croissance et leur décroissance, leur formation et leur déformation, ne sauraient évidemment constituer un obstacle à l'établissement de la navigation à vapeur dans cette partie du Tocantins; toutefois, il s'agit là d'un phénomène qu'il sera nécessaire d'étudier soigneusement pour y apporter le correctif qui convient.

Au-dessous de cette région de plages où le fond est faible et changeant, on rencontre bientôt les grands fonds de la Bocca do Tauiry. Au Villagem da Bocca do Tauiry, en face d'une petite plage accostée à la rive au-dessus du village, le fond dépasse 20 mètres. Dans l'intérieur, le terrain plat, mais jamais inondé, paraît parfaitement favorable à l'établissement du centre de peuplement que l'excellence de la situation stratégique du lieu semble demander.

24. — Le matin, la pluie et les moustiques : c'est le Tauiry.

Nous entrons dans cette région si terriblement « encachoeirada » qui s'étend jusqu'à Arumatheua : *Cachoeiras do Tauiry*, *Cachoeiras da Itaboca*, *Cachoeiras de Arumatheua,* la partie héroïque du cours du Bas Tocantins.

La « Pedra » do Laurenção et le Rebujo que ce rocher produit aux grosses eaux ne sont plus, à cette époque de l'année, la première qu'un ornement, le second qu'un souvenir. A l'endroit où se produit le Rebujo, ma sonde, qui a 40 mètres de corde, n'atteint pas le fond.

Le canal principal du Tauiry, le canal *grande* qu'il nous faut suivre maintenant, les autres branches étant plus ou moins desséchées, — et d'ailleurs mes études m'obligeant à procurer le canal « navigable », présentât-il les plus fortes cachoeiras, — le canal *grande* du Tauiry est, en somme, un fort beau canal, rétrécissant rarement à 50 mètres, en présentant plus de 100 de largeur libre,

Dernier « secco » dans le Alto Paraupeba.

de pedral à pedral, sur la presque totalité de son parcours. Sur les deux rives de cet étrange canal, parfois à perte de vue, une espèce de pavé gigantesque, inouï, inénarrable : des rochers amoncelés à plusieurs mètres de hauteur, et, parmi ces rochers, du sable et des buissons.

C'est le Canal da Samahuma qui est ici le canal « Grande » ; le Canal de S. Antonino, que nous laissons à notre gauche, a maintenant tout juste assez d'eau pour des montarias moyennes.

Mais dans le Canal Grande, les fonds sont bien plus que suffisants pour quelque grande navigation que ce soit. Au Rebujo da Samahuma, le sondeur, n'ayant que 24 mètres de corde, n'atteint pas le fond. Je fais dorénavant donner 40 mètres de sonde : tous les points marqués 40 sur la carte sont l'indication qu'en cet endroit la corde de 40 mètres n'a pas atteint le fond.

Passons le Rebujo da Bifurcação (bifurcation du Canal Grande en Canal Urubuzão et Canal do Cajuero) et le Rebujo da Capellinha, les deux plus forts

« Estirão » do Regresso au Alto Itacayuna.

rebujos que je connaisse après ceux de la Volta d'Aval au Xingú. (Les rebujos du Canal da Vita Eterna sont périlleux à cause de l'étroitesse du canal et de ses angles brusques, mais ils sont beaucoup moins puissants et moins grandioses que ceux-ci.)

C'est sur la rive droite du Canal do Cajuero que se trouve la Pedra da Capellinha, à une petite distance au-dessous du Rebujo da Capellinha (appelé aussi Rebujo de cime du Canal do Cajuero). La Pedra da Capellinha est un rocher un peu plus haut que les autres parmi d'énormes rochers en façade sur le canal. Cette roche n'a guère de ressemblance avec une « petite chapelle » ; cet appellatif doit être de la même origine que le Canal « do Inferno » et le Canal Brezebube (Belzebub) : le bon père qui, dans des temps très anciens, a passé par les canaux « de l'Enfer » et « de Belzébuth », est évidemment le même que celui qui avait remarqué la roche « de la Petite Chapelle » sur le bord du Canal do Tauiry.

Ces canaux du Tauiry (comme ceux d'Itaboca), canaux étroits, profonds et à rebujos, ces canaux, vers l'été, c'est-à-dire lorsqu'ils révèlent le mieux leur structure intime, montrent une identité de formation presque absolue avec ceux du Moyen Xingú.

25. — Continuant dans le large Canal do Cajuera, nous sortons bientôt du Tauiry. Si, sur tout le parcours du canal, les fonds sont considérables, de 10, 20, 30, 40 mètres et plus, à la sortie, en face de l'Estirão do Muricizal, comme à l'entrée à la Praia da Rainha, les fonds sont sensiblement moindres : 3 ou 4 mètres en moyenne. Toutefois ces fonds de 3 et 4 mètres, sur une petite étendue à l'amont comme à l'aval, ces fonds d'étiage de 3 ou 4 mètres au minimum sur lit de sable, ne seraient évidemment pas un obstacle sérieux quant à l'aménagement du canal.

Sortant des eaux tranquilles de l'Estirão do Muricizal, nous voici, par le travers de la pointe de cime de l'Ilha das Frecheiras, à l'entrée du Canal Brezebube et du Canal Capitaricuara.

Le CANAL CAPITARICUARA, d'amont en aval, commence entre l'Ilha das Frecheiras et la terre ferme de rive droite. Un pedral s'étend au milieu du bras de rivière qui passe entre Frecheiras et la terre orientale, divisant ce bras en deux canaux inégaux, celui longeant Frecheiras plus grand, celui longeant la terre ferme plus petit. Le premier, dans la géographie locale, est appelé Brezebube (corruption de Belzébuth), et est considéré comme l'entrée principale du Canal do Inferno, du côté amont. Le second est le Capitaricuara.

Le Capitaricuara, un peu en aval de son entrée, présente, rive droite, un desvio qui évite les fortes cachoeiras qui sont dans la partie amont du canal, desvio qui est connu sous le nom de Desvio de Pirocabinha et qui va rejoindre le grand canal au bas des Travessãos da Entrada.

Nous engageant dans le Desvio de Pirocabinha, nous passons le Saltinho, composé de deux petits saltos successifs, chacun de 25 centimètres de dénivellement. Dans cette partie, le desvio n'a maintenant qu'une dizaine de mètres de largeur moyenne, avec juste assez d'eau pour que notre egaritea y puisse descendre, difficilement, raclant les roches.

Au-dessous du Saltinho, les travessãos se succèdent dans le Desvio de Pirocabinha. L'eau, rare, éparse par le pedral, n'offre pas maintenant des fonds supérieurs à ceux qu'on trouverait dans le Canal de Itaboca. C'est seulement au-dessous du desvio, en reprenant Capitaricuara au-dessous des Travessãos

Pedra et Rebujo do Laurenção.

da Entrada, que nous retrouvons les grands fonds non plus de 7 et 8 mètres comme ceux constatés à l'entrée, mais doubles et même triples.

D'abord, sitôt le Saltinho descendu, il faut commencer à chercher son chemin, à l'egaritea, parmi les pierres en maints endroits couvertes de 50 centimètres d'eau tout au plus.

Puis c'est un *Rapide*, presque à sec.

Ensuite un Travessão composé de *trois* petites *pancadas* successives que nous descendons, toujours raclant le fond, avec moins, parfois, de 25 centimètres d'eau.

Puis un autre Travessão, rapide suivi que l'on peut décomposer en *cinq rapides*, les uns et les autres de fort peu d'eau et où l'egaritea racle constamment le fond.

Après quoi, au-dessus d'un canal ou bras qui vient du Canal de Belzebub[1], ce sont les trois Travessãos da Encontre d'Agua : le *Premier Travessão*, médiocre; le *Deuxième*, plus fort; le *Troisième*, le plus à pic, le plus long et celui du plus fort dénivellement.

Aux Travessãos da Encontre d'Agua, nous filons l'egaritea avant-arrière, les

Estirão en aval de la Pedra do Laurençāo.

hommes retenant en amont par un câble enroulé à quelque angle de rocher, un homme à l'arrière faisant office de « pruero », un autre à l'avant, armé d'une vara, et deux dans l'eau maintenant l'arrière qui descend et procurant

1. Le *Canal de Belzebub* est, paraît-il, large et profond. La grande Pancada dite Pancada do Brezebube, fait, dit-on, une forte marezie, mais elle a beaucoup de fond. Des botos, seuls, la peuvent franchir ; une egaritea comme la mienne aurait de grandes chances d'y rester.

le chemin le meilleur. Là aussi le fond de l'egaritea racle dans les rapides. A notre droite, ce sont des blocs de rochers noirs presque unis et qu'on dirait taillés, se dressant à 4 ou 5 mètres au-dessus des eaux de l'étiage; à notre gauche, un amoncellement de sable avec des rochers et des buissons. On glisse,

Pedra da Capellinha au Canal do Cajuero.

on court, on se heurte dans les écumes blanches entre le mur cyclopéen et les rochers épars.

Au-dessous, le canal, à nouveau des plus médiocres, n'est plus qu'un torrent, un véritable torrent, descendant en pente brusque, mais avec très peu de fond, sur le lit rocailleux bosselé de grosses roches sur lesquelles l'eau bondissante se brise en arabesques capricieuses. Nulle part assez de fond pour la libre course de l'egaritea, qu'il faut continuer à descendre, par le torrentueux petit canal, dans tout l'appareil compliqué que l'on vient de voir plus haut.

C'est là qu'on retombe dans le Canal Capitaricuara, grossi, au point même où débouche le Desvio de Pirocabinha, d'un bras qui vient du Canal Brezebube. En aval de cette importante « encontre d'agua », le Canal Capitaricuara reste avec son type caractéristique de canal étroit et profond coulant entre deux murailles faites d'énormes masses rocheuses amoncelées.

26. --- Le Canal Capitaricuara entre les Travessãos da Encontre d'Agua et le Rebujo da Encontre d'Agua, qui est un peu en aval, au point de réunion d'un bras bifurqué du canal qui part du Canal Brezebube pour sortir au Capitaricuara, au-dessous des Travessãos da Encontre d'Agua, le Canal Capitaricuara, entre ces Travessãos et ce Rebujo, reprend ses grands fonds où la sonde, jetée à toute volée dans la rapidité vertigineuse de la descente, nous accuse des minima de 10 et de 12 mètres.

Les rives des grandes îles, au delà de l'immense pedral semé d'îlets boisés, dessinent parfois, dans la brume bleue, leur ligne indistincte et confuse.

Partout la terre est de pierres et de sables, partout des buissons maigres parmi les rochers, des urubús haut perchés guettant, dans ces déserts, on ne sait quelle proie improbable, et surtout, infiniment nombreux, les moustiques de toutes les variétés, mettant une grisaille de points noirs sur le fond du ciel triste. La vie est rare : l'homme est absent; parmi les oiseaux surtout le triste urubú, mais des insectes en abondance, et aussi, dans les eaux profondes des canaux étroits, des poissons peu inquiétés : peixe agulho, peixe cachorros, biendos, jahús, vivant dans l'ignorance séculaire de la flèche et du hameçon.

La sensation de la vie c'est le « rebujo », le terrible rebujo qui la donne.

Quand le rebujo « ouvre », c'est-à-dire quand il pousse d'en bas, puis projette dans une certaine direction son eau soudain gonflée, il est certain que n'importe quelle embarcation, egaritea ou boto, qui se trouverait là en ce moment, serait obligée, quelle que soit la force de ses rameurs, d'obéir à ce mouvement et pourrait être brisée sur les roches voisines.

Il est aisé de s'apercevoir que c'est le plus souvent un angle, ou parfois deux angles de rochers qui déterminent ce gonflement alternatif, suivi de la poussée violente (le *fervedor*) des eaux resserrées dans un canal trop étroit.

Pour supprimer ces rebujos, il paraît évident qu'il suffirait de briser la pointe (ou les pointes) de rochers qui les déterminent.

C'est au Rebujo das Tres Pedras, où nous arrivons maintenant, que le batelão de João Moreira, il y a quelques années, s'emplit sans toutefois perdre autre chose que la charge, une poussée du « fervedor » ayant rejeté le batelão plein sur des roches où le sauvetage put s'opérer.

Ce rebujo... nous venons de le passer. Il est, en effet, assez périlleux. Un violent choc à l'angle d'un rocher de la rive gauche nous a fait embarquer, copieusement. En bas, nous jetons l'eau à pleins seaux.

Un peu en amont de Tres Boccas, le canal augmente de largeur, atteignant jusqu'à 50 mètres, avec les mêmes fonds de 25, 30, 40 mètres et plus.

Nous voici maintenant à Tres Boccas. Cette cachoeira, ainsi nommée, bien qu'en réalité les trois îlots rocheux qui la divisent y dessinent « quatre bouches » et non trois, est, avec Tres Pedras, la plus forte cachoeira du Capitaricuara. Tres Boccas est assez longue, d'un énorme mouvement d'eau, et d'un dénivellement supérieur à celui de Tres Pedras.

En aval de Tres Boccas c'est la sortie du Capitaricuara.

Il est rare qu'on descende le Capitaricuara, on le remonte, mais on ne le descend pas. Pour descendre, on prend par Itaboca; on attend, patiemment, qu'il y ait de l'eau dans le canal.

Il n'y a guère maintenant qu'une année, tout au plus, qu'on a commencé à descendre le Capitaricuara. Jusqu'à ce jour trois embarcations seulement se sont risquées : celles de Moreira, de Rosino, de Felix Seixas, qui d'ailleurs n'ont descendu qu'une seule fois, en juin ou juillet, alors que, les eaux étant plus grosses, les dénivellements des pancadas sont moindres. Mon egaritea est la première qui se soit risquée à descendre tout le canal au plus fort de l'été.

Sortant du Capitaricuara nous nous rendons au Porto de Bruno, à l'extrémité sud-ouest de l'Ilha do Areão. De là j'envoie demain mes hommes ouvrir un chemin longeant le Canal do Inferno, du Porto do Bruno à Jatobá.

27. — Il me paraît que personne n'a connu ce « Brûno » qui a laissé son nom au point que j'ai choisi pour mon installation. Les habitants d'Areião, population d'ailleurs récente, savent seulement que ce Bruno était « un garçon qui vivait là il y a longtemps ».

Du Porto do Bruno nous avons en face de nous l'entrée du canal qui passe par derrière l'Ilha do Tocantins. Ce bras est maintenant à peu près aussi complètement à sec que le Canal de Itaboca. Ce ne sont que poçãos séparés les uns des autres par des saranzals à sec et que ne relie plus aucune eau courante, pas la moindre rigole donnant passage à une petite montaria. En réalité, on ne passe là que l'hiver.

28-30. — Avec l'aide de gens d'Areião, mes hommes ont rapporté ici la

« Estirão » en aval de la Pedra da Capellinha.

partie de ma charge laissée chez José da Costa en montant pour l'Itacayuna et ont achevé l'exploration du Canal do Inferno.

1er Octobre. — Moins deux hommes que je laisse à la garde de mon egaritea au Porto do Bruno, nous partons tous pour l'étude du Canal do Inferno. C'est la première fois qu'une expédition, — je ne dis pas scientifique, mais même de gens du pays, — parcourt le Canal do Inferno sur toute son étendue, soit par eau, soit par le « pedral » de la rive.

Au débouché du CANAL DO INFERNO, en face du Canal do Bandeira, c'est d'abord la Pancada d'Aval.

La Pancada d'Aval se présente exactement au debouché du Canal do Inferno dans la rivière libre. Rive gauche c'est un pedral compact où les eaux d'hiver font deux mauvais petits « desvios » maintenant à sec. Ce pedral supprimé, le

Canal do Inferno déboucherait exactement en face et en continuation du Canal do Bandeira.

C'est le resserrement du canal entre le pedral de rive gauche et d'autres masses rocheuses qui sont à droite qui occasionne l'énorme bouillonnement de l'eau qui, dans un canal élargi seulement de moitié, coulerait puissante,

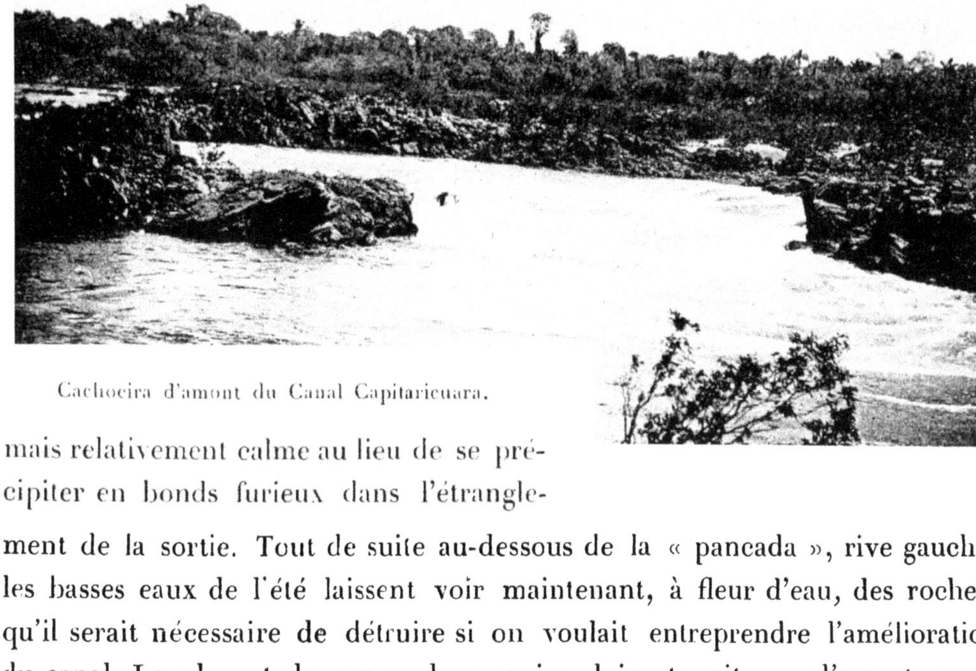

Cachoeira d'amont du Canal Capitaricuara.

mais relativement calme au lieu de se précipiter en bonds furieux dans l'étranglement de la sortie. Tout de suite au-dessous de la « pancada », rive gauche, les basses eaux de l'été laissent voir maintenant, à fleur d'eau, des rochers qu'il serait nécessaire de détruire si on voulait entreprendre l'amélioration du canal. La plupart de ces rochers, noirs, luisants, vitreux d'aspect, sont, une fois brisés, friables, et tombent comme en poussière sous les doigts qui les pressent.

Continuant, toujours par le pedral de la rive gauche, nous arrivons bientôt à la Pancada do Meio.

La Pancada do Meio est une descente d'eau moyenne, d'une force inférieure à celle de la Pancada d'Aval, mais présentant une « marezie » plus forte. Cette marezie se produit à partir et en aval d'une roche qui est dans le canal, presque accostée au pedral de rive droite. A l'étranglement de la pancada le canal présente encore une largeur libre d'une vingtaine de mètres au minimum.

La Pancada do Meio présente un « *desvio* », rive gauche, taillé aussi à même le « pedral ». Ce desvio, plus bref, offre un dénivellement moindre, tout de suite compensé par la « marezie » d'aval, remous d'ailleurs actuellement assez lent et d'apparence assez faible. Tout de suite au-dessous un autre remous de même force se produit entre le courant central et une pointe de rochers de la rive droite, toujours dans le desvio.

Entre la Pancada do Meio et la Pancada d'Aval se trouvent, rive droite, à peu près accostées au pedral, trois roches émergées qui font actuellement de petits remous, et qui, aux grosses eaux, doivent évidemment être dangereuses, étant alors complètement couvertes.

Immédiatement en bas de la Pancada do Meio, le pedral de rive gauche, qui revient en angle rentrant en face d'une petite plage de la rive droite, occasionne un remous continuant et finissant la pancada, remous que la destruction de la partie du bloc de roche qui est en saillie supprimerait en même temps qu'il ferait le canal rectiligne.

Nous devons tout de suite ouvrir ici une parenthèse au sujet du mot de « pancada » que nous venons encore une fois d'employer. Le terme de « pancada » est ici impropre, ce que reconnaissent d'ailleurs parfaitement mes hommes qui l'ont spontanément employé faute d'un vocable spécial qui n'existe pas. Il n'y a point ici de pancadas; ce ne sont que de fortes descentes d'eau sur un plan un peu trop incliné, mais avec un fond très considérable et aussi, malheureusement, des rochers isolés ou des pointes de rochers accentuant l'impétuosité du courant aux points où se trouvent ces obstacles à la poussée rectiligne de la masse descendante. Ces rochers isolés et ces pointes de rochers ne barrent pas toujours la route, ne seraient même pas toujours un obstacle au libre passage d'un vapeur, mais le péril qui en résulterait, si ces obstacles n'étaient pas détruits, résiderait dans les difficultés à l'évitage. En résumé, ces énormes poussées d'eau dans des canaux trop étroits, avec des roches dans le courant et des roches en saillie sur le canal, n'ont qu'un nom dans la technologie géographique : ce sont des *rapides* et non des *pancadas*. Cette explication donnée, nous continuerons à employer la dernière expression pour l'unique raison, mais qui nous paraît suffisante, que le mot pancada, pour connu qu'il est d'être inexact, est cependant celui qui est coutumier dans ce milieu.

Nous continuons à cheminer par le pedral, de la Pancada do Meio à la Pancada Grande, escaladant les rochers de la rive gauche. Partout le pedral, boisé, se montre fortement mêlé de sable, par endroits esquissant des plages.

Nous éloignant de la rive même du canal pour éviter un pedral de roches aiguës et hautes, d'une escalade périlleuse, nous prenons par des espaces demi-boisés. Les eaux des crues ont charrié des troncs d'arbre à plus de deux mètres de hauteur parmi les branchages des capueranas poussés là en gros buissons. Nous remarquons même une planche de cèdre tout en haut dans les branchages, vestige, triste relique d'on ne sait quel naufrage dans on ne sait quelle cachoeira d'amont. Un peu plus loin, à près de quatre mètres au-dessus de la plage, toujours dans les branches d'un capuerana, un bordage d'un grand bateau. La plage est maintenant à quatre mètres au-dessus du niveau de l'eau, ce qui indique une différence de huit mètres entre l'étiage et la crue.

Reprenant par le pedral, voici que nous distinguons nettement, comme nous escaladons un rocher, la presque totalité du Canal do Inferno d'en amont de la Pancada do Meio jusqu'au delà de la sortie, en face de l'Ilha do Tocantins. Cette extraordinaire coulée d'environ deux kilomètres de longueur deviendrait droite comme un canal fait de main d'homme si on détruisait la pointe de rochers qui est à la sortie du canal, rive gauche.

Haut perchés sur notre roche, nous voyons se simplifier la topographie des alentours : le Canal do Inferno devient un long ruban d'argent ceignant un énorme pâté de laves noires mouchetées de l'or des plages.

Longeant toujours le canal nous notons, en face d'une petite plage bordant un ressac de la rive gauche, encore une roche à faire sauter.

Une autre plage assez grande, s'étendant surtout en profondeur, est un peu en amont de la bifurcation du canal qui va au Capitaricuara.

Puis c'est la Pancada Grande.

La Pancada Grande assez courte, c'est-à-dire d'un dénivellement assez brusque, nous paraît cependant plutôt, à la petite distance en aval où nous sommes placés pour l'étudier, un rapide tumultueux qu'un rapide d'une pente impossible à remonter. L'énorme rapide, le plus puissant des trois « rapides » ou pancadas du Canal do Inferno, présente deux angles de rochers à faire sauter : en amont, rive droite, un cap de rochers occasionnant une forte

Estirão dans les hauts du Canal Capitaricuara.

marezie, et en aval, rive gauche, une autre pointe de rochers en saillie sur le courant central.

Le *desvio* de la Pancada Grande est proprement le vrai « canal do Inferno », je veux dire la partie la plus effrayante de tout l'ensemble du Canal.

Pour une embarcation qui arriverait d'amont dans le desvio, il y aurait d'abord à affronter, dans le canal rétréci, la force vertigineuse de l'eau engouffrée qui paraît rouler sur elle-même avant de se heurter aux hautes parois rocheuses qui se la renvoient écumeuse et tournoyante. C'est dans une anfractuosité des rochers de la rive droite que se produit un premier *rebujo*; le sillon central, formidable crête de vagues, détache une de ses volutes sur un rocher en cap. La volute glisse dans le creux du rocher et remonte en arrière. A l'arête terminale de la convexité, la volute décrit une nouvelle courbe qui la rejette à peu près à son point de départ où elle continuera indéfiniment, dans l'anfractuosité du rocher, en contre-bas de la crête du sillon des écumes descendantes, son mouvement tournant perpétuel.

En amont de Tres Boccas, Canal Capitaricuara.

Si elle échappe à ce premier rebujo, l'embarcation supposée lancée dans cette course vertigineuse suivra, avec le canal, une courbe revenant sur la droite, courbe qui la jettera au milieu d'un second rebujo à quelques mètres au-dessus d'une pancada presque à pic au milieu de laquelle se dresse le rocher qui, par le mouvement de recul qu'il détermine dans les eaux descendantes, occasionne le rebujo. Prise par le rebujo, l'embarcation ne pourra gouverner; alors, ou bien elle se heurtera aux rochers de la rive droite dont la convexité enceint et accentue le rebujo, ou le rebujo la projettera violemment sur la roche du milieu du saut, à moins qu'il ne l'envoie directement dans la brèche de droite ou dans la brèche de gauche, là où, à moins de miracle, elle ne manquera pas de sombrer, déjà plus ou moins disloquée.

Ce rebujo d'aval est caractéristique du type. Il a comme des pulsations de fièvre irrégulière. Par moments l'eau a un cours normal, parfois elle se gonfle en bruissant et décrit, en aval du point de dispersion ou foyer du rebujo, comme une parabole dont se détache presque aussitôt une volute d'eau qui revient au point de départ où, après avoir tournoyé un instant dans le centre de dépression, elle s'unit à la courbe décrite par le courant de descente.

Le Desvio de la Pancada Grande du Canal do Inferno, ou, plus expressivement, le *Desvio do Inferno*, est ce qu'on peut trouver de plus périlleux dans le genre, non seulement dans toute la région d'Itaboca, mais aussi dans tout le Tauiry et dans les cachoeiras de Arumatheua. Tres Pedras et Tres Boccas, au Capitaricuara, sont, à n'en point douter, des passes périlleuses; la Pancada Grande du Canal do Inferno, plus périlleuse encore, peut cependant être franchie, peut-être, avec une egaritea bien construite, haute de bordages, et surtout munie d'un pilote et d'un équipage de premier choix; mais, quant au Desvio do Inferno, dire qu'on peut le franchir revient à dire qu'on ne se tue pas toujours quand on se jette d'un cinquième étage dans la rue ou bien sur des brisants du haut d'un promontoire.

Le Desvio do Inferno présente des détails curieux. En amont, rive gauche, en face d'énormes bondissements d'eaux qui moutonnent sur des roches gisant dans les profondeurs insondées, c'est un petit canal qui se perd dans le « pedral » et qui reçoit, à chaque pulsation du courant de la cachoeira, un afflux subit qui soudain s'écoule comme une marée instantanée. Un peu en aval du minuscule canal à l'étrange marée d'eau douce, à trois mètres environ de la rive gauche, c'est un rocher isolé à l'assaut duquel montent, dans un tumulte furieux, les flots qui sans cesse dévalent dans l'étroit couloir du torrent. Par moments le rocher se couronne d'un haut panache. L'écume blanche, parfois les flots, qui semblent jouer avec lui, tournoient alentour sans le couvrir laissant au niveau ou au-dessus de la mouvante avalanche l'immuable tête jaune et noire du géant immergé.

Un peu en amont, au commencement de la cachoeira, sur la rive gauche, un pan de rocher en saillie accentue la violence du courant et donne une impulsion nouvelle aux énormes vagues qui se poursuivent jusqu'au premier rebujo et au delà. Sur l'autre rive, faisant pendant au premier rebujo au delà du sillon central, c'est une petite pancada ajoutant encore, en aval, à la force de la « marezie ».

2. — Poursuivant notre route par le « pedral » nous longeons, en amont,

Pancadas das Tres Boccas, Canal Capitaricuara.

au-dessus des cachoeiras, la partie supérieure du Desvio de la Pancada Grande ou do Inferno. Dans cette partie, rétréci à une dizaine de mètres par endroits et faisant, à chacun de ces étranglements, une pointe d'eau et un petit rebujo, le desvio si grandiose un peu en aval paraît plutôt banal parmi toutes les étranges beautés de cette terrible région de Itaboca.

Le desvio a une entrée fort étroite, de cinq à six mètres environ, entrée qu'il serait aisé de boucher, rejetant ainsi dans le grand canal toute l'eau qui passe par le desvio, opération qui pourrait atténuer quelque peu ce que la pente de la Pancada Grande peut présenter d'un peu rude.

Au-dessus du point de bifurcation du desvio, c'est désormais, comme en aval, un canal unique. Ce canal, bientôt, s'élargit puis bifurque. Le bras qui vient du sud-est, qui paraît être un peu plus important que le bras qui vient du sud-ouest, n'est autre que le fameux Canal de Brezebube, qui passe par derrière l'Ilha das Frecheiras. Le bras qui vient du sud-ouest s'ouvre dans le pedral de la grande rivière en face de la Ponta do Jatobá, c'est le Canal do Jatobá.

Le Canal do Jatobá, entrée d'aval du Canal do Inferno comme le Canal de

Sortie du Canal do Inferno, en face de l'Ilha do Tocantins.

Brezebube en est l'entrée d'amont, présente *sept* petits *Travessãos* consécutifs. Le Canal de Jatobá, assez court, passablement large, paraît présenter partout des fonds parfaitement suffisants. On m'assure qu'on n'y trouve nulle part moins de 8 à 10 mètres d'eau au plus fort de l'été. Près de l'embouchure, du côté nord, se trouvent trois ou quatre roches qu'il serait absolument nécessaire de faire sauter.

Tel qu'il est, ce Canal do Jatobá, suffisamment large et profond, aux travessãos d'ailleurs plutôt médiocres ou tout au plus moyens, occasionnés seulement par les saillies rocheuses d'un fond très suffisant, n'ayant pour tout obstacle à la grande navigation que quelques roches en petit nombre et d'ailleurs aisées à briser, ce canal, constituant une voie sensiblement plus courte

Remous de la Pancada d'aval du Canal do Inferno (amont).

et d'un aménagement considérablement plus facile que la voie du Brezebube, ce canal s'ouvrant bien en face d'une agglomération où de vastes capueras attestent que de vieille date l'importance stratégique de la Ponta do Jatobá avait été pressentie, ce canal débouchant dans la rivière désormais large jusqu'au Tauiry, ce canal est bien la véritable section supérieure de la VOIE, magnifique pour difficile qu'elle soit actuellement, qui s'étend entre les « pedrals » et les grandes îles, du travers du Porto do Bruno au travers de la

Ponta do Jatobá, OFFRANT A TRAVERS TOUTE LA RÉGION D'ITABOCA UN FOND MINIMUM, CONTINU, ININTERROMPU, DE 10 MÈTRES A L'ÉTIAGE.

Aussi bien, en dépit des baptêmes du « padre » mystérieux des premiers temps de l'histoire d'Itaboca, n'est-ce point, peut-être, le Brezebube, bien qu'il ait de fortes pancadas, qu'il faut considérer comme « l'entrée » du Canal do Inferno. Il me paraît plus logique de considérer le Brezebube comme la partie amont du Canal Capitaricuara; c'est, en effet, et inévitablement, par le Brezebube qu'il faut passer quand on descend, en boto ou même en grande egaritea, le Canal Capitaricuara par les eaux d'étiage ou même par les eaux moyennes de l'été. Paixão, le pilote de la Ponta do Jatobá, ne prend point d'autre chemin au lieu de remonter, après avoir descendu le Canal do Jatobá, la partie aval du Brezebube pour retomber dans le Capitaricuara.

On peut donc considérer que « l'entrée » du canal do Inferno est au Canal do Jatobá.

Quand on laisse, comme nous le faisons pour nous rendre à la Ponta do Jatobá, le Canal do Jatobá dont les sept travessãos sont un peu forts pour une petite montaria, on va par une sorte de canal qui, prenant du confluent du Canal do Jatobá et du Canal qui vient du Brezebube (plutôt qu'il ne le continue), va, de poção en poção, maintenant complètement coupé, par endroits, d'isthmes totalement à sec, finir au Porto do Bruno, longeant, à l'est, l'Ilha do Areão.

Puis on laisse cette sorte de canal pour en remonter un autre qui débouche dans celui-ci après être descendu, faisant également 7 *Travessãos*, d'un peu en amont de la Ponta do Jatoba où, à travers le pedral, il se détache du canal qui longe la rive gauche. C'est ce canal que nous remontons, pour nous rendre à la Ponta do Jatobá chez le commerçant Barboza, afin de prendre demain le sentier de Jatobá à Areião d'où nous traverserons pour le Porto do Bruno.

3. — Nous quittons la Ponta do Jatobá, un des points de la rivière appelés au plus sérieux développement quand les améliorations nécessaires se feront au Bas Tocantins.

Nous allons prendre le sentier de Jatobá à Areião ou Ressac, un peu en aval de la pointe de cime de l'Ilha do Jacob. La partie du sentier qui va du Ressac à la Ponta do Jatobá est, paraît-il, la plus mauvaise du chemin, sans cesser, d'ailleurs, d'être cependant assez praticable.

Nous traversons d'abord l'Igarapé do Jacob, maintenant à sec. Peu après nous nous trouvons, d'après ce que me disent les gens du Jatobá, par le travers

Remous de la Pancada d'aval du Canal do Inferno (aval).

de la Pedra do Gavião. Puis c'est l'Igarapé do Pao do Gavião, un bras du même, puis une capuera, une roca, une casa, et enfin, 50 minutes après avoir pris le chemin du Jatobá au Ressac, l'Igarapé do Bacury.

L'Igarapé do Bacury, maintenant rétréci à huit ou dix mètres de largeur d'eau, ne présente actuellement pas plus de cinquante centimètres de fond.

A son confluent, où nous le traversons, s'étendent deux vastes « pedrals », celui d'amont mêlé de petites plages de sable.

De l'autre côté du Bacury dont elle est séparée par une petite bordure boisée, une roça récente, puis le « desvio do Rebujo do Bacury », bras main-

« Estirão » du Canal do Inferno de la Pancada do Meio à l'Ilha do Tocantins.

tenant à sec qui vient de l'Igarapé do Bacury et sort en aval du Rebujo. Ce petit desvio, qui serait utilisable l'hiver s'il était nettoyé des branchages qui l'obstruent, ne présente maintenant dans son lit que quelques mares d'eaux stagnantes.

Nous revoyons le sitio de José da Costa à la Cachoeira Grande, et enfin, après deux heures de marche, exactement, dans le sentier de Jatobá depuis le Ressac, nous arrivons au Circo do Norberto d'où une montaria, que j'envoie chercher à Areião, nous ramène au Porto do Bruno d'où nous sommes partis, il y a trois jours, pour commencer notre exploration du Canal do Inferno.

CHAPITRE VIII

Travessãos do Chiqueirão. — Travessãos da Piranheira. — Travessãos do Cotovelo. — Travessãos do Conoá de Cime. — Travessãos do Arapary. — SECCO DO ARAPARY. — Cachoeira do Tucumanduba. — Canal Vita Eterna. — Canal Tacuary. — Travessão da Tapayuna. — Vapeur naufragé. — Le *General Jardim*. — Retour à Pará.
Les CACHOEIRAS DU BAS TOCANTINS. — I. EN AVAL DE ARUMATHEUA. — Travessão de Patos. — Travessão da Tapayuna. — II. CACHOEIRAS DE ARUMATHEUA. — Canal Tacuary. — Canal Vida Eterna. — Cachoeira do Tucumanduba. — Travessãos do Breo branco. — Travessãos do Arapary. — SECCO DO ARAPARY (*Arapary*, *Cotovelo*, *Conoá de Cime*). — Travessãos da Piranheira. — Travessãos do Chiqueirão. — *Rebujos do Remansinho et do Remansão*. — III. CACHOEIRAS DE ITABOCA. — Le Capitaricuara et le Canal do Inferno. — Utilisation possible du Canal do Inferno.

3, 4. — Au Porto do Bruno, on vient d'Areião nous complimenter sur le succès de notre expédition dans le Canal do Inferno. M. Francisco Acacia de Figueiredo, le principal commerçant de l'endroit, vient nous visiter avec toute sa famille. Successivement d'autres habitants du village ou des environs viennent causer avec nous de ce fameux canal enfin « pacifié », disent-ils, et dont ils ne connaissent à peu près, et les uns et les autres, que l'entrée et la sortie.

5. — Nous reprenons, ce matin, notre chemin vers l'aval.

Au-dessous de l'Estirão do Remansão, le canal qui, jusqu'aux Travessãos do Chiqueirão, est assez bien tracé entre les « pedrals », devient épars dans les Travessãos da Piranheira, où il demanderait à être balisé, à moins qu'on ne fasse sauter quelques roches dangereuses, ce qui serait préférable. Les deux travessãos, ayant maintenant un minimum de 8 mètres d'eau et étant d'ailleurs assez faibles, ne constitueraient en quoi que ce soit un obstacle.

Après avoir passé les parages de l'Ilha do Inglez, où on brûle actuellement des rocas sur les deux rives, nous arrivons aux Travessãos do Cotovelo, dans le creux formé par la Ponta do Cocal. En prenant rive gauche, par les deux TRAVESSÃOS DO PIMENTAL, nous n'aurions pas trouvé actuellement assez d'eau pour notre egaritea.

Les TRAVESSÃOS DO COTOVELO, au nombre de cinq, bien qu'ayant beaucoup plus d'eau que ceux des Pimental, sont les plus secs que nous ayons rencontrés jusqu'à maintenant : le minimum de fond y est de 3 mètres et même de 2. Toutefois, il ne serait peut-être pas difficile, en cherchant bien, d'assurer un canal d'étiage d'au moins 3 mètres, avec fond facile à draguer. Aussi bien sera-t-il probablement nécessaire d'élargir ici le canal, vraiment un peu étroit.

Aux six TRAVESSÃOS DO CONOÁ DE CIME, que nous avons passés en amont de ceux du Cotovelo, le fond minimum est actuellement de 4 à 5 mètres.

Les Travessãos do Cotovelo et do Conoá de Cime occupent plus ou moins le milieu de la rivière. Les TRAVESSÃOS DO CORRÉINHO, qui occupent la rive droite de la rivière, en face des Travessãos do Conoá de Cime, n'ont actuellement pas plus d'eau que les Travessãos do Pimental, qui occupent la rive gauche de la rivière en face des Travessãos do Cotovelo.

En aval de ces deux Travessãos doubles, CONOÁ DE CIME-CORRÉINHO et COTOVELO-PIMENTAL, c'est un troisième Travessão double : CONOÁ DE BAIXO-ARAPARY.

Le TRAVESSÃO DO ARAPARY, par lequel nous passons, présente, à l'image du Travessão do Cotovelo, un canal mal tracé, à angles brusques, tortueux et peu profond. Tous nos sondages y ont donné entre 2 et 4 mètres.

C'est à toute cette région qui s'étend, d'amont en aval, *entre* et y compris *Conoá de Cime-Corréinho* et *Conoá de Baixo-Arapary*, que l'on donne, au Bas Tocantins et à Arumatheua, le nom de SECCO DO ARAPARY. Immédiatement en aval les grands fonds recommencent.

6. — Nous franchissons les derniers travessãos qui nous séparent de la rivière libre.

La CACHOEIRA DO TUCUMANDUBA est maintenant très forte; elle fait quatre pancadas consécutives fort rapprochées l'une de l'autre, et c'est là, évidemment, le plus mauvais passage que nous ayons rencontré depuis le Capitaricuara.

Un peu en aval, les canaux à rebujos de Vida Eterna et de Tacuary, périlleux à cause de leurs tournants brusques, de leurs angles rocheux et de leurs rebujos, ne sont pourtant plus capables d'impressionner beaucoup quand on vient de passer Tres Pedras et Tres Boccas, au Capitaricuara, et de contempler à loisir les sinistres beautés du Desvio do Inferno.

Pandaca do Meio, Canal do Inferno.

A neuf heures, nous sommes à Arumatheua, et bientôt après chez Raymundo Teixeira.

Mon vieux pilote Eugenio, ayant besoin de retourner, d'ici même, à sa baraque du Cocal, c'est Raymundo Teixeira qui me conduira à Patos, le vapeur ne remontant pas plus haut à cette époque de l'année, soit que réellement le canal n'existe pas, soit, plutôt, qu'il ait été mal étudié ou même qu'il n'ait point été étudié du tout.

Poursuivant vers Patos, où nous attendrons le *General Jardim,* qui doit y arriver le 18, nous arrivons, sur le soir, au Travessão da Tapayuna.

C'est un peu en aval de ce travèssão que se voit maintenant, à demi démantelé, le vapeur « *Yack* » (?) qui, en 1890 (?), chargé de castanhas, se perça et emplit en passant le travessão. Chaque année, la crue entraîne le vapeur naufragé à quelques mètres plus en aval.

L'accident est dû, me dit-on, à l'audace intempestive et malheureuse du commandant qui, en dépit des observations du pilote, n'hésita pas, malgré la nuit déjà commencée, à engager son navire dans le travessão. Le vapeur

Remous de la Pancada do Meio, Canal do Inferno.

toucha, se fora, remplit, et coula un peu plus bas. Le tout en quelques minutes. Il y eut, paraît-il, trois noyés : un passager, le mécanicien et le chauffeur. C'était, à peu près, en janvier; il y avait déjà de l'eau, mais la crue n'avait pas été forte; toutefois le vapeur aurait trouvé chemin libre si on n'avait pas commis l'imprudence de se risquer au milieu des ténèbres.

7. — Nous allons toute la journée par les grands estirãos paisibles du Tocantins élargi.

Sur le soir, vers quatre heures, l'appel d'un vapeur.... Bientôt c'est notre *General Jardim* qui sort de Patos comme Patos commence à nous être en vue.

Nous faisons force signaux. Le vapeur s'en va. Signaux, tirs de rifle, rien n'y fait; on ne nous a ni vus ni entendus. Nous perdrons d'une heure le vapeur dont le bienheureux retard eût pu nous être si favorable.

Mais voici que notre « *General* » accoste à une petite île de la rive gauche, à l'île, ou port, du nom de Tapepucú. Il va charger du bétail. A cinq heures, nous sommes à bord.

8. — Avant le départ du vapeur, mon équipage s'en retourne à Arumatheua.

Cachoeira du Desvio de la Pancada do Meio, Canal do Inferno.

C'est un plaisir toujours nouveau que de voir des braves gens se séparer de vous en vous disant : « Revenez! » avec une petite note attendrie dans les adieux.

Ce soir c'est Baião; demain matin, Mocajuba, et à la nuit, Cametá.

Le 11 octobre, à 8 heures du matin, nous sommes de retour à Pará.

LES CACHOEIRAS DU BAS TOCANTINS. — Ce voyage ayant eu plus particulièrement pour objet l'étude spéciale et détaillée des Cachoeiras du Bas Tocantins, il m'a paru préférable de traiter absolument ici, en manière de résumé général et de conclusion, d'un sujet aussi important, afin de lui pouvoir consacrer, sans être distrait par aucune préoccupation étrangère, tous les développements qu'il comporte.

Les Cachoeiras du Bas Tocantins, du premier Rapide en aval jusqu'au confluent de l'Itacayuna, peuvent se décomposer en cinq groupes d'importance très inégale :

I. — *En aval de Arumatheua;*
II. — *Cachoeiras de Arumatheua;*
III. — *Cachoeiras de Itaboca;*
IV. — *Cachoeiras du Tauiry;*
V. — *En amont du Tauiry.*

I. — EN AVAL DE ARUMATHEUA. — Cette partie ne comprend que deux cachoeiras : le Travessão de Patos et le Travessão de Tapayuna.

Le Travessão de Patos, ainsi que nous l'avons constaté au commencement de ce voyage, donne, même l'été, un fond suffisant et n'aurait besoin que d'être balisé.

Le Travessão da Tapayuna, où se produisit, il y a quelques années, l'accident du « *Yack* » (?), est plus dangereux. Bien qu'on prétende qu'il offre, même l'été, un canal franc, il y aurait peut-être quelques roches à briser pour assurer la véritable franchise de ce canal.

II. — CACHOEIRAS DE ARUMATHEUA. — Les Cachoeiras de Arumatheua présenteraient à la navigation à vapeur des difficultés d'un ordre particulier, variant, pour ainsi dire, à chaque travessão, et qu'il faut, par suite, étudier en détail.

Quand on sort de Arumatheua vers amont, le Canal Tacuary, entre le « pedral » continu de la rive droite et les « pedrals » épars ou groupés sur la gauche jusqu'à la hauteur de l'Ilha do Guariba, donne successivement, à cette époque de l'étiage, 22, 6, 6, 5, 7 et 5 mètres de fond. Les angles des « pedrals » ne sont pas trop accusés; ce n'est guère que sur les bords du *Rebujo* qui est en amont, presque à la sortie, qu'il y aurait des rochers à briser.

Le Canal Vida Eterna, comme son nom fatidique semble d'ailleurs vouloir l'indiquer, est un passage plein de risques ou même de périls. Il ne présente pas moins de *cinq Rebujos*, sur les bords desquels s'avancent les angles du pedral en saillie. J'ai trouvé des fonds de 20, 16 et 20 mètres, dans la partie centrale, et de 10 mètres, en amont, au-dessus du point où bifurque le Canal da Cruz.

Au-dessus de ce point de bifurcation, on n'est déjà plus dans le Canal Vida Eterna sans être encore à la Cachoeira do Tucumanduba. A cette espèce de carrefour, en amont de deux rapides moyens, une roche se dresse bien au milieu du canal, roche qu'il faudrait évidemment détruire pour assurer la navigabilité du canal.

En amont de la bifurcation du Canal da Cruz, c'est la CACHOEIRA DO TUCU-

Paucada Grande du Canal do Inferno.

MANDUBA. Les quatre travessãos successifs de cette cachoeira, malgré la force et l'impétuosité de ces quatre bourrelets successifs d'eaux gonflées, ne semblent pas devoir constituer un obstacle bien notable. Le fond y a été trouvé de 12 mètres et de 10 mètres. Au cas où le canal de la cachoeira serait jugé un peu étroit, on pourrait creuser soit dans la masse rocheuse de la pointe de l'Ilha do Tucumanduba, soit dans le pedral en face, ce qui arriverait peut-être à diminuer la force du quadruple ressaut des eaux.

Les TRAVESSÃOS DO BREO BRANCO, en amont de la Cachoeira do Tucumanduba, présenteraient plus de difficultés. Nous sommes ici, en effet, au commencement de l'obstacle le plus sérieux offert par les Cachoeiras de Arumatheua, le Secco do Arapary.

Les Travessãos do Breo branco, au nombre de 13, présentent d'abord des fonds de 5, 5, 7 et 6 mètres. Puis on rencontre une « fosse » avec des fonds de 18 et 17 mètres, et au-dessus de cette fosse un seuil où l'on n'a plus que 4, 3 et 3 mètres. Au-dessus et jusqu'à la sortie des Travessãos do Breo branco pour prendre les Travessãos do Arapary, les fonds sont à peu

Confluent du Desvio do Inferno et du Canal do Inferno.

près bons : 9, 10, 12, 8, 6, 4, 7, 3, 9, 10, 8, 13, 8, 6, 4, 7, 5, 3, 6 mètres.

Le canal des Travessãos do Breo branco offrant de bons fonds à peu près partout, ne présentant pas de courbes brusques, le travail ne comporterait guère que des dragages dans les fonds que l'on pourrait trouver insuffisants. Toutefois, il serait prudent aussi de ne pas négliger la position des roches espacées sur les limites du canal : quelques-unes, évidemment, demanderaient à disparaître.

Les Travessãos do Arapary se présentent avec des fonds uniformément médiocres ou mauvais. Et il en est de même pour toute la section, parfois désignée dans la rivière sous le nom de Secco do Arapary, section qui comprend non seulement l'Arapary et le Conoá de Baixo, mais encore les Travessãos du Colovelo-Pimental et du Conoá de Cime-Corréinho.

Les fonds de cette région du Secco do Arapary sont les suivants :

Desvio do Inferno, vue d'ensemble.

Travessãos do Conoá de Baixo : 4, 5, 4, 4, 4, 5, 5 mètres.

Travessãos do Arapary : 4, 3, 4, 5, 3, 3, 4, 4, 6, 4, 5, 4, 3, 3, 4, 3, 3, 3, 3, 3, 4, 3, 2, 3, 2, 3 mètres.

Travessãos do Cotovelo : 5, 6, 4, 6, 4, 3, 4, 4, 4, 5, 3, 3, 3, 2, 4, 3, 3, 4, 3, 3, 2, 2, 3, 1 mètre.

Travessãos do Conoá de Cime : 4, 5, 5, 5, 6, 7, 4, 11, 5, 6, 8 mètres.

En amont de ces derniers travessãos, qui terminent au sud le Secco do Arapary, les fonds se maintiennent, jusqu'aux Travessãos da Piranheira, uniformément bons, avec les profondeurs suivantes : 8, 9, 15, 10, 8, 8, 5, 10, 8, 7, 9, 7, 7, 7, 6, 6, 6, 4, 6, 6, 11, 7, 6, 5, 5, 10, 10, 9, 13, 8, 15, 7, 11, 9, 8, 12, 14, 7, 10, 9, 8, 12, 16, 12, 12 mètres.

Les Travessãos da Piranheira, au nombre de cinq, présentent les fonds suivants : 8, 11, 9, 6, 21, 25, 15, 17, 20, 27 mètres.

Aux Travessãos do Chiqueirão, qui commencent immédiatement au-dessus, les fonds se maintiennent à de grandes profondeurs : 11, 10, 12, 10, 10, 20 mètres.

Dans le canal entre l'Ilha de Coco et la rive gauche, on a également de grands fonds : 24 et 24 à la pointe d'amont de l'île, 12 en face du confluent de l'Igarapé Grande do Remansinho, et, en amont, 18 puis 40 mètres.

De l'Ilha de Coco à l'entrée du Canal do Inferno, entre l'Ilha do Tocantins et l'Ilha do Bandeira, on trouve, d'aval en amont : 35, 27, 9, 28, 40, 33, 40, 35, 29, 28, 21, 16 mètres.

Le *Rebujo do Remansinho*, entre l'igarapé du Remansinho et l'Ilha de Coco, et le *Rebujo do Remansão*, en face du grand igarapé du même nom, pour dangereux qu'ils soient aux grosses eaux, sont maintenant tellement calmes que celui qui ne connaîtrait pas leur existence ne saurait la soupçonner.

Au-dessus de la Ponta do Piteiro, seul le canal central, entre l'Ilha do Tocantins et l'Ilha do Bandeira, est profond, présentant les grands fonds que nous venons de voir plus haut (40, 35, 29, 28, 21, 16 mètres). Le canal entre l'Ilha do Tocantins et la rive droite est, l'été, tellement desséché qu'il ne donne pas libre passage aux montarias; quant au canal entre l'Ilha do Bandeira et la rive gauche, il dessèche complètement dans sa partie aval, au point qu'on peut se rendre de Nazareth à l'Ilha do Bandeira sans se mouiller les pieds, par le pedral qui émerge complètement, ne laissant pas le plus petit bout de canal libre.

III. — CACHOEIRAS DE ITABOCA. — Des trois canaux que présentent les Cachoeiras de Itaboca : Canal da Itaboca, Canal do Inferno, Canal Capitaricuara (sans parler du Canal ou Furo do Jacundá, par derrière l'Ilha do Jacundá, au delà du pedral oriental du Canal Capitaricuara), seuls le Canal do Inferno et le Canal Capitaricuara présentent des fonds suffisants pour qu'on puisse songer à y faire passer des bateaux à vapeur, l'aménagement *ad hoc* des cachoeiras étant supposé un fait accompli. En effet, le *Canal da Itaboca* et le *Canal do Jacundá* dessèchent presque complètement l'été, au point que, pendant quelques semaines, les plus petites montarias de pêche elles-mêmes n'y passent pas sans qu'on soit obligé, par endroits, de les traîner, sur le fond tari, entre les poçaõs qui se font lacs.

Le Canal Capitaricuara et le Canal do Inferno qui débouchent, le premier en

Remous du Desvio do Inferno (aval).

face de l'Ilha do Tocantins et le second en face de l'Ilha do Bandeira, présentent tous les deux des fonds suffisants, les fonds ordinaires des étranges canaux de cette région, — autant, du moins, que j'ai pu le constater par quelques sondages dans le Capitaricuara où les périls, très réels, de la descente, ne m'ont pas permis de multiplier les sondages; et dans le Canal do Inferno où je n'ai pu faire sonder que de la rive, de quelques rochers dominant le canal.

D'aval en amont, le CANAL CAPITARICUARA, auquel on arrive après avoir rencontré les fonds de 28 mètres du débouché du Canal do Inferno, puis des fonds de 10 et 10 mètres, le Capitaricuara, à sa bouche d'aval, présente un fond de 40 mètres.

Dans la CACHOEIRA DAS TRES BOCCAS, du moins dans le canal par lequel nous avons passé (le second en comptant d'occident en orient), c'est encore 40 mètres.

En amont, avant d'arriver à la Cachoeira das Tres Pedras, le fond a été constaté de 24 mètres.

Remous du Desvio do Inferno (partie centrale).

A la CACHOEIRA DAS TRES PEDRAS, notre corde de 40 mètres n'a pas atteint le fond.

En amont, immédiatement au-dessus du Travessão da Entrada, dans la section où se mêlent les eaux du Desvio do Pirocabinha, du Canal Brezebube et d'un bras venu du Canal do Inferno, le fond est de 12 mètres.

En amont de cette bifurcation en trois canaux, les fonds du Desvio de Pirocabinha sont insuffisants, puisque sur la plus grande partie du parcours notre egaritea raclait les pierres du fond; ceux du canal à l'ouest de Brezebube nous sont inconnus; ceux du Brezebube sont considérables, à en juger par les fonds de 30 mètres que nous y avons constatés en sondant du haut du pedral. C'est

Remous du Desvio do Inferno (amont).

au canal Brezebube, — considéré généralement, à tort nous semble-t-il, comme l'entrée principale du Canal do Inferno, bien que, selon nous, ce canal soit plutôt l'entrée principale du Canal Capitaricuara, l'entrée (ou plutôt les entrées) du Canal do Inferno étant données par le Canal do Jatobá et le petit delta qu'il forme dans le pedral, — c'est au Canal Brezebube qu'il faudrait faire des travaux d'aménagement si on voulait établir la grande navigation par le Capitaricuara. Toutefois, ces travaux seraient nombreux, difficiles, et par suite dispendieux, étant donnés les angles nombreux de rochers en saillie, terribles pointes créant des rebujos ou des courants des plus périlleux et qu'il serait, avant tout, indispensable de faire sauter. Il me paraît que c'est le CANAL DO INFERNO qu'il serait encore le plus aisé d'aménager.

Le Canal do Inferno présente, d'aval en amont, sur un développement total d'environ 9 kilomètres, quatre obstacles à la navigation à vapeur : la Pancada d'Aval, la Pancada do Meio, la Pancada Grande, les Travessãos do Jatobá, obstacles présentant un dénivellement total, de Areião à la Ponta do Jatobá, de 20 mètres environ, ce qui donnerait, répartie sur l'ensemble, *une pente moyenne de* 0,0022 *par mètre.*

Ce dénivellement est évidemment le même pour le Canal Capitaricuara, mais, dans ce dernier canal, la pente est autrement répartie : les pancadas y sont plus brusques, plus à pic, au lieu de se trouver ménagées de longue main, sur un plus grand espace, comme au Canal do Inferno.

De plus, le Canal do Inferno présente l'avantage d'être d'un tracé presque rectiligne; d'en amont de la Pancada do Meio à la sortie en face de l'Ilha do Tocantins, ce sont 2 kilomètres à peu près exactement en ligne droite, et d'un autre point en amont, tout voisin du premier, à la Pancada Grande, c'est une autre direction encore à peu près sensiblement rectiligne. Enfin ces deux directions se fondent sensiblement entre elles et l'on peut presque dire que le Canal do Inferno, de la Pointe de Jatobá à l'extrémité amont de l'Ilha do Tocantins, est toujours le même estirão, aussi rectiligne que peut être le tracé d'un cours d'eau naturel sur un parcours de 9 kilomètres.

Dans le Canal do Inferno, les travaux d'aménagement se réduiraient à briser quelques roches isolées, disséminées sur les bords et en dedans du canal, et aussi quelques masses rocheuses qui forment des angles occasionnant des pointes d'eau.

D'abord, à la Pancada d'Aval, il faudrait briser quelques roches isolées ainsi qu'une pointe rocheuse, sur la rive gauche. De la Pancada d'Aval à la Pancada do Meio, ce sont principalement trois roches, rive droite, et un pedral, rive gauche, à l'issue de la pancada. En amont, ce serait une roche à la pointe de cime de l'îlet rocheux entre la Pancada et le Desvio, ou une roche accostée à l'îlet, rive droite du Desvio.

De la Pancada do Meio à la Pancada Grande, ce serait, un peu avant d'arriver à un bras qui se détache du Canal do Inferno pour gagner le Capitaricuara, des rochers en face d'une plage de la rive gauche. A la hauteur de la bifurcation du bras qui va au Capitaricuara, deux roches isolées, rive droite, et un banc rocheux, rive gauche.

La Pancada Grande, en dépit de la puissance de son courant sur son plan légèrement incliné, se passerait sans doute plus aisément qu'un premier « desvio » à gauche, et surtout que le grand « desvio » de la rive gauche, le fameux Desvio do Inferno. La Pancada Grande, que continuent deux forts remous en aval, est la grande difficulté du Canal do Inferno. Ni grande egaritea, ni boto ne saurait probablement sauter l'énorme rapide sans couler sinon dans la pancada elle-même, du moins dans l'un ou l'autre des deux grands remous d'aval. Cependant j'ai sauté le Camaleão, au Xingú, guère moins dangereux....

En amont de la Pancada Grande, à la pointe de cime de l'île qui sépare le grand canal du Desvio do Inferno, le canal, un peu rétréci, forme une sorte de travessão ou de remous. En cet endroit, il serait sans doute nécessaire d'élargir quelque peu le canal. Si, par surcroît, la partie amont du Desvio do Inferno, rétrécie à un endroit à une dizaine de mètres environ, était comblée, — ce qui serait facile en y jetant quelques centaines de mètres cubes de rochers pris à même dans le pedral voisin, — il est à supposer que cet apport de la totalité de l'eau du desvio dans le grand canal aurait pour résultat d'adoucir un peu la pente générale de la Pancada Grande.

A une petite distance au-dessus de la bifurcation du Desvio do Inferno, le canal est divisé en deux bras principaux : le canal qui vient du Brezebube et dont une ramification débouche dans le Canal Capitaricuara, au-dessous du Travessão da Entrada, et le Canal do Jatobá, qui se détache de la grande rivière à peu près en face de la Ponta do Jatobá.

Le Canal do Jatobá qui, au prix de ses sept travessãos plutôt moyens, permet d'éviter les périlleuses pancadas du Canal Brezebube, le Canal do Jatobá, présentant des fonds suffisants de 8 à 10 mètres et plus, ne demanderait, pour être utilisable, que la destruction de trois petites masses rocheuses à l'entrée en face de la Ponta do Jatobá, d'une roche un peu en aval et de trois autres dans la partie inférieure du canal, à la jonction du Canal do Jatobá et du bras qui vient du Brezebube.

Sur tout ce parcours, de la Pancada d'Aval à la Ponta do Jatobá, le canal, dont la largeur moyenne peut être évaluée à une cinquantaine de mètres

Bifurcation du Desvio do Inferno au Canal do Inferno (aval)

environ, ne présente point à la navigation à vapeur d'autres obstacles que ceux que nous venons d'énumérer : quelques rares rochers isolés dans le canal, quelques masses rocheuses en angle sur ses rives. Ces quelques rochers détruits, le canal serait libre. Toutefois, l'impétuosité des pancadas, ou tout au moins de la Pancada Grande, ne demeurerait-elle pas l'obstacle infranchissable que les plus fortes machines seraient impuissantes à surmonter? Il me semble que non. Avec les meilleurs vapeurs du type actuel, donnant jusqu'à une moyenne de 25 nœuds et exceptionnellement, pour un effort de peu de durée, jusqu'à 30 nœuds ou même un peu plus, avec deux hélices et aussi un excellent arbre de couche, il me semble qu'on vaincrait.

Bifurcation du Desvio do Inferno au Canal do Inferno (amont).

Pourrait-on obtenir ce maximum de force avec les vapeurs du type de chaudière en usage dans la contrée, se chauffant au bois? Serait-on obligé d'installer au Bas Tocantins un dépôt de charbon tout spécialement pour les vapeurs destinés au service des cachoeiras? Vaudrait-il mieux essayer de quelques moteurs nouveaux, pétrole, électricité, air comprimé? Il me paraît que ce sont là des questions que n'auraient pas de peine à résoudre, à la pratique, et chacun en ce qui le concerne, les ingénieurs techniques attachés à ce service des cachoeiras, une fois créé. Quant à moi, il me suffit de constater que ce Canal do Inferno, rectiligne, de 50 mètres de largeur moyenne, avec ses fonds qui ne doivent point offrir de sondages inférieurs à 20 mètres, ne paraît point offrir, avec ses trois Rapides d'Aval, do Meio et Grande, et les sept travessãos du Canal do Jatobá, de 8 à 10 mètres de fond normal, un obstacle contre lequel la science moderne soit impuissante à lutter.

Une fois en amont de la Ponta do Jatobá, c'est une nouvelle section, d'ailleurs toute voisine, la section des Cachoeiras do Tauiry, après quoi, sur le chemin du Tocantins et de l'Araguaya, on ne rencontre plus que des obstacles que l'on vaincrait en se jouant si on avait déjà triomphé de ceux d'Arumatheua, d'Itaboca et du Tauiry.

CHAPITRE IX

Les CACHOEIRAS DU BAS TOCANTINS (suite). — IV. CACHOEIRAS DU TAUIRY. — Canal do Cajuero. — Canal Grande. — Canal do Pixuna. — Canal da Samahuma. — Travessãos da Praia Alta. — Cachoeira do Maranhão. — Rebujo do Laurenção. — V. EN AMONT DU TAUIRY. — CONCLUSIONS.

La section dite du Tauiry est la plus étendue des cinq sections que nous venons d'étudier, elle mesure 74 kilomètres, environ 55 pour la section en aval de Arumatheua, 19 pour la section de Arumatheua, 9 pour la section de Itaboca et 24 pour la section en amont du Tauiry jusqu'à l'Itacayuna.

IV. — CACHOEIRAS DU TAUIRY. — Les Cachoeiras du Tauiry (ou du Tauiry Grande — pour les distinguer du petit *Travessão do Tauirysinho* un peu en amont du confluent de l'Itacayuna), les Cachoeiras du Tauiry commencent, d'aval en amont, un peu au-dessus de l' « Entrada do Tauiry Grande » à l'extrémité de l'Estirão do Muricizal, et finissent un peu en aval de la Praia da Rainha, à la « Bocca do Tauiry ».

De la sortie du Canal do Inferno à l'Entrada do Tauiry, les fonds de l'Estirão do Muricizal sont à peu près uniformément bons, accusant successivement 13, 12, 7, 15, 31, 25, 27, 26, 18, 20, 18, 20, 22, 9 et 6 mètres.

Toutefois, à l'entrée même du Tauiry, les fonds, qu'il serait d'ailleurs facile de creuser, car on est constamment sur le sable, les fonds se maintiennent, médiocres, à 3, 4, 3, 4, 3, 4, 3, 3, 3, 4, 4, et 3 mètres.

Dans le CANAL DO CAJUERO, qui va de l'Entrada do Urubú au Rebujo da Bifurcação, on a, comme dans tout le Tauiry, à l'exception de l'extrémité aval et excepté, au delà du Tauiry, les parages de la Praia da Rainha et du Lago

Vermelho, des fonds plus que suffisants. D'aval en amont on a successivement 18, 10, 16, 7, 5, 7, 13, 33, 40, 30, 33, 28, 26, 28, 19, 10, 16, 18, 29 et 27 mètres. Les cinq *travessãos* et les deux rebujos de l'extrémité amont de ce canal présentant des fonds excellents, — le *Rebujo da Capellinha* a 29 mètres de fond et le *Rebujo da Bifurcação* 27, — le canal offrant une largeur moyenne qui, le plus souvent, est de 50 à 100 mètres, les travaux à

Entrée du Canal do Inferno,
en face de la Ponta do Jatobá.

faire pour la mise en état de navigabilité du canal se résumeraient à quelques rochers à faire sauter, principalement dans la région des deux rebujos.

Le Canal Grande, du Rebujo da Bifurcação à l'Ilha da Bagagem, présente, d'aval en amont, les fonds suivants : 29, 36, 19, 28, 30, 40, 28, 30, 36, 26, 40, 35, 33, 17, 25, 12, 14, 22 au *Travessão da Ilha do Coco*, et, aux travessãos de la *Cachoeira da Agua de Saude*, successivement 18, 19, 20, 24, 21, 19 au *Rebujo da Agua de Saude*, puis 40, 12, 40, 40, 40, 40, 19, 18, 17 à l'extrémité amont du groupe de trois îles appelé Ilha da Bagagem. Il m'a paru que dans le Canal Grande les travaux d'aménagement seraient nuls ou à peu près.

Le Canal do Pixuna, de l'*Ilha da Bagagem à l'Ilha da Samahuma*, présente partout des fonds suffisants, soit dans les Travessãos, soit entre les plages, soit entre les pedrals. Entre l'*Ilha da Cobre et l'Ilha do Alexandre*, dans la région des sept travessãos qui s'étendent entre ces deux îles et l'*Ilha do Pixuna Grande*, on a successivement 19, 17, 10, 17, 10, 12, 10, 7 et 7 mètres. Au-dessus, entre l'Ilha do Pixuna Grande et la terre ferme de rive droite, les

Campement au Porto do Bruno.

fonds, d'aval en amont, sont de 12, 10, 10, 13, 12, 6, 6, 7, 5, 5, 7, 15, 19, 20, 18, 20, 22, 16, 20, 25, 25, 7, 26, 40, 17, 25, 24, 24, 26, 25, 24, 25 mètres. Les fonds entre la terre ferme de rive droite et l'*Ilha do Pixuna*, se poursuivent à 26, 29, 40, 40, 40, 40, 40, 40 et 34 mètres. Ils se continuent entre la partie aval de l'Ilha S. Antonino et la terre ferme de rive droite à 36, 20, 30, 22, 18, 18, 21, 14 mètres. Dans ce canal, comme dans le précédent, les travaux d'aménagement paraissent, à première vue, devoir être à peu près nuls.

Le Canal da Samahuma, entre l'Ilha da Samahuma et la partie centrale et supérieure de l'Ilha S. Antonino, de la *Cachoeira Penaxecuara* à la Praia Alta en passant par la *Cachoeira da Tapanhuma*, présente également de bons fonds. On a, d'aval en amont, 18, 13, 6, 9, 10, 12, 18, 23, 19, 24, 19, 28, 25, 18, 9, 10, 10, 8 et 12 mètres.

Aux Travessãos da Praia Alta la sonde accuse 21, 26 et 23 mètres.

A la Cachoeira do Maranhão, c'est 18 mètres au *Travessão do Baixo* et 22 au *Travessão do Cime.*

De la Cochoeira do Maranhão à la Bocca do Tauiry, les fonds sont uniformément bons. C'est successivement 18, 17, 29, 40, 32, 19, 25, 30, 34, 40, 40, 40 mètres, 40 mètres au *Rebujo do Laurenção*, puis 12, 20, 21, 21, 21, 13, 12, 17, 13, 21, 17, 13.

V. — EN AMONT DU TAUIRY. — A la Praia da Rainha où les fonds deviennent moindres, sur la rive droite, où est le canal, la ligne des plus grands fonds enceignant à l'est la plage, passe à 7, 5, 6, 7, 8, 7, 5, 4, 5, 5, 5, 5, 4, 5, 5, 5, 4, 6, 6, 4, 4, 4, 3, 3, 3, 3, 4, 3 mètres.

A la *Praia do Lago Vermelho* des fonds médiocres se continuent, 4, 4, 5, 4, 5, 4 mètres.

Mais le long des grandes iles qui se continuent jusqu'au confluent de l'Itacayuna, Ilha do Jacaré, Ilha do Jão Vaz, Ilha das Novilhas, ils deviennent sensiblement meilleurs ou même parfaitement suffisants : 7, 7, 7, 5, 6, 5, 7, 7, 5, 10 en face du Burgo Agricola, 7 par le travers de l'Ilha das Novilhas, 6 mètres entre l'Ilha do Itacayuna et le confluent de la rivière du même nom.

CONCLUSIONS. — De cette étude des Cachoeiras du Bas Tocantins il se dégage certaines vérités, certains faits qui permettent d'envisager la question de la liaison de Pará à la Haute Araguaya par la navigation à vapeur sous un jour assez nouveau.

On sait que c'est uniquement cette section des Cachoeiras d'Arumatheua-Itaboca-Tauiry qui a empêché de tenter l'établissement d'un service permanent de navigation à vapeur continue de Pará vers les hauts de l'Araguaya, au delà même de l'extrême limite du Pará au sud, ligne qui nous desservirait quatre Etats : Para, Goyaz, Matto Grosso et Maranhão.

Or, quels sont les obstacles majeurs que peut opposer un cours d'eau à la navigation à vapeur? Ces obstacles ne nous paraissent guère être que de deux sortes : 1° le manque d'eau; 2° l'existence de sauts.

Pour ce qui est du MANQUE D'EAU, nous avons constaté que trois sections seulement, et assez courtes, la première de 4 kilomètres, la seconde de 3 kilomètres, et la troisième également de 3 kilomètres, — le Secco do Arapary, la Praia da Rainha et la Praia Vermelha, — présentaient des fonds un peu médiocres.

Or, il serait aisé de creuser à la profondeur nécessaire, les fonds de la Praia da Rainha et de la Praia Vermelha étant de sable et la roche de rivière qui fait le fond du lit du Secco do Arapary étant plutôt tendre et comme friable. Le travail de dragage à la Praia da Rainha et à la Praia Vermelha et le travail de forage au Secco do Arapary ne sont pas de ces travaux que l'on peut appréhender comme très onéreux.

Quant à l'existence de sauts, on n'a pas non plus à la déplorer, car il n'y a pas de sauts dans cette partie du Tocantins, mais seulement des rapides plus ou moins puissants.

L'aménagement du canal navigable, depuis le Canal Tacuary jusqu'au confluent de l'Itacayuna, travail qui ne consisterait guère qu'à briser quelques roches, ce travail n'est pas non plus un de ceux qui entraînent à de très grandes dépenses, ni de ceux qui exigent de très rares aptitudes professionnelles.

Il ne reste donc à considérer, pour ce qui est de la question technique, que l'obstacle en soi : LE RAPIDE.

Le rapide peut-il être vaincu par le navire à vapeur?

De récentes tentatives, faites notamment au Mékong, répondent affirmativement.

De 1894 à 1897, on est arrivé à passer à la vapeur tous les rapides du Mékong jusqu'à la frontière de Chine.

Là aussi, pour assurer la navigabilité définitive, il n'y avait, nous dit-on, qu'à étudier le canal et à baliser après avoir brisé quelques roches.

Et au Mékong il s'agissait d'une distance de 2500 kilomètres au lieu des 1750 kilomètres entre Patos et Porto do Rio Grande sur la Haute Araguaya.

Que l'aménagement préalable du canal soit plus ou moins parfaitement établi; — que le navire emploie un combustible plus ou moins dispendieux pour arriver à fournir une force donnée, autrement dit que les chaudières soient destinées à un chauffage au bois ou à un chauffage au charbon; — que la puissance de la machine soit voulue fournissant une vitesse considérée comme maximum aujourd'hui, « 25 et même 30 nœuds », pour pouvoir vaincre plus aisément les rapides; — que le type choisi comporte hélice à l'avant et hélice à l'arrière; — que l'arbre de couche soit à l'abri de tout accident de rupture dans les rapides grâce à l'excellence de sa qualité; toutes ces questions se résument en une seule : question d'argent.

C'est à l'État du Pará de juger de l'opportunité de la dépense.

Cette dépense, d'ailleurs, dans l'état présent des choses, au point où en sont les études *ad hoc*, il serait bien difficile d'en préciser le *quantum*. Cependant si on réfléchit au coût kilométrique moyen des chemins de fer au Brésil, coût qui est de 140 000 francs environ, et si on se rappelle, d'autre part, que le chemin de fer projeté d'Alcobaça à la Praia da Rainha mesurerait environ 175 kilomètres et par suite ne saurait coûter moins de 24 500 000 francs en se basant sur les données les plus vraisemblables, il paraît impossible de ne pas admettre que, non seulement pour cette section mais pour tout le Bas Tocantins et l'Araguaya navigable, avec le tiers ou le quart de cette somme on ferait sans doute naviguer des bateaux à vapeur le long de ces rives qui ne sont vraisemblablement pas encore de sitôt destinées à entendre le sifflet de la locomotive.

En Amazonie, bien plus que le chemin de fer, c'est le bateau à vapeur qui, pour longtemps, restera le véritable et principal instrument du progrès.

CHAPITRE X

TABLEAUX STATISTIQUES. — Altitudes barométriques. — Longitudes et latitudes. — Météorologie (pluies et orages).

ALTITUDES BAROMÉTRIQUES

I. — DE AREIAO AU TAPIRAPÉ[1]

Areião (aval de Itaboca)	21	mètres	(au-dessus du niveau de la mer).
José da Costa (amont de Itaboca)	44	—	—
Entrée du Tauiry	60	—	—
Burgo Agricola	67	—	—
Tauirysinho	68	—	—
S. João do Araguaya	77	—	—
Furo dos Veados	92	—	—
Chichá	96	—	—
Aval de la Cachoeira Grande	98	—	—
Cachoeira de S. Miguel	131	—	—
S. Maria Velha	140	—	—
S. Anna da Barreira	143	—	—
Confluent du Najá	143	—	—
Aval de Maria do Norte (nord)	150	—	—
Amont de Maria do Norte (sud)	159	—	—
Confluent du Bananal	167	—	—
Furo de Pedras	175	—	—
Furo dos Javahes	182	—	—
Confluent du Tapirapé	191	—	—

1. Calculées après le départ du manuscrit du *Voyage au Tocantins-Araguaya*.

2. — BAS TOCANTINS ET ITACAYUNA

Arumatheua.	12	mètres (au-dessus du niveau de la mer).
Cachoeira do Tucumanduba.	18	— —
Ponta do Cocal.	19	— —
Aval do Capitaricuara.	21	— —
Amont do Capitaricuara.	42	— —
Pedra da Capellinha.	56	— —
Ilha do Coco.	58	— —
Canal do Pixuna.	62	— —
Burgo Agricola.	67	— —
Confluent de l'Itacayuna.	68	— —
Confluent du Paraupeba.	104	— —
Dernier Secco du Paraupeba.	125	— —
Estirão do Regresso (Alto Itacayuna). . . .	116	— —

LONGITUDES ET LATITUDES

(Cachoeira Grande do Itacayuna, Point de retour au Paraupeba, Point de retour au Alto Itacayuna.)

Cachoeira Grande do Itacayuna.	Longitude 52° 6′ O. Paris,	Latitude 5° 30′ S.
Point de retour au Paraupeba.	— 52° 54′ O. Paris,	— 7° 56′ S.
Point de retour au Alto Itacayuna. . . .	— 53° 2′ O. Paris,	— 5° 50′ S.

MÉTÉOROLOGIE

(PLUIES ET ORAGES)

LIEUX	DATES		HEURES
Licuro	6 juillet	1897	pluie de 3 h. 15 à 3 h. 50 du soir.
Arumatheua.	7	—	orage en aval de 3 h. 50 à 4 h. du soir; pluie de 4 h. 15 à 4 h. 25 du soir.
Arumatheua.	9	—	petite pluie de 3 h. 30 à 3 h. 35 du soir.
Arumatheua.	10	—	pluie de 3 h. à 3 h. 30 du matin et de 5 h. à 5 h. 10 du matin.
Cavalleiro.	10	—	orage de 1 h. à 1 h. 15 du soir; orage et pluie de 11 h. à 11 h. 10 du soir.
Tucumanduba.	13	—	orage et pluie à 7 h. du soir; orage et pluie de 9 h. à 9 h. 15 du soir.
Ponta do Cocal	14	—	orage à 2 h. 30 du soir; petite pluie de 3 h. 10 à 3 h. 15 du soir.
Pucuruhy.	15	—	orages de 2 h. à 3 h. et de 3 h. 15 à 3 h. 30 du soir; pluie de 3 h. 40 à 3 h. 50 du soir.
Ilha do Bandeira.	16	—	pluie de 12 h. 30 à 1 h. 20 du soir.
Arrependido	18	—	orage de 7 h. à 8 h. du soir.
Arrependido.	19	—	orages de 2 h. 30 à 3 h. du soir et à 6 h. du soir.
Arrependido.	20	—	pluie de 6 h. 30 à 6 h. 40 du matin.
Tortinha	20	—	pluie de 11 h. 30 à 11 h. 40 du matin, de 12 h. 45 à 1 h. du soir et de 2 h. à 2 h. 10 du soir.
Tauiry (Bas du)	26	—	pluie de 4 h. à 4 h. 15 et de 6 h. 50 à 7 h. 40 du matin.
Canal do Urubu	27	—	pluie et orage à 2 h. du soir.

LIEUX	DATES		HEURES
Cachoeira Grande do Itacayuna.	13	août	orage et pluie à 11 h. du soir.
Carreira Comprida (id).	28	—	petite pluie de midi à midi 5.
Regresso (Alto Itacayuna). . . .	14	septembre	orage à 3 h. du soir; orage et pluie à 5 h. du soir.
Bas Itacayuna.	21	—	petite pluie de 2 h. 50 à 2 h. 55 du soir et de 3 h. 25 à 3 h. 30.
Confluent de l'Itacayuna. . . .	22	—	orage de 3 h. à 4 h. 30 du soir; averses de 5 h. 30 à 6 h. 15 du soir.
Praia do Jacaré.	23	—	petite pluie de 10 h. à 10 h. 10 du matin.
Bocca do Tauiry.	23	—	pluie de 2 h. 30 à 2 h. 45 du soir et de 4 h. à 4 h. 15 du soir.
Canal do Cajuero.	24	—	petite pluie de 9 h. 20 à 9 h. 25 du matin; orage à 2 h. du soir; pluie de 2 h. 50 à 3 h. 10 du soir.
Tauiry (Aval).	25	—	pluie de 8 h. 45 à 9 h. 5 du matin; pluie de 10 h. 40 à 10 h. 45 du matin.
Canal do Inferno.	30	—	pluie de 5 h. à 5 h. 30 du matin.

TABLE DES GRAVURES[1]

1. D'après les photographies prises par Mme Henri Coudreau pendant la durée du voyage.

CARTES

---

1. — Cachoeiras de Arumatheua, à l'échelle du 1/10.000, 10 cartes.
2. — Cachoeiras de Itaboca, à l'échelle du 1/10.000, 8 cartes.
3. — Bas Tocantins, de Arumatheua au confluent de l'Itacayuna, à l'échelle du 1/100.000, 8 cartes.
4. — Itacayuna, Paraupeba, Alto Itacayuna, à l'échelle du 1/100.000, 14 cartes.

TABLE DES MATIÈRES

CHAPITRE PREMIER

CHAPITRE II

CHAPITRE III

CHAPITRE IV

CHAPITRE V

CHAPITRE VI

CHAPITRE VII

CHAPITRE VIII

CHAPITRE IX

CHAPITRE X

FIN DE LA TABLE DES MATIÈRES

CE VOLUME

A ÉTÉ RÉDIGÉ ET LES CARTES EN ONT ÉTÉ ÉTABLIES

du 11 octobre au 7 novembre 1897.

Pará, 7 novembre 1897.

H. C.

37361. — PARIS. IMPRIMERIE GÉNÉRALE LAHURE
9, RUE DE FLEURUS, 9

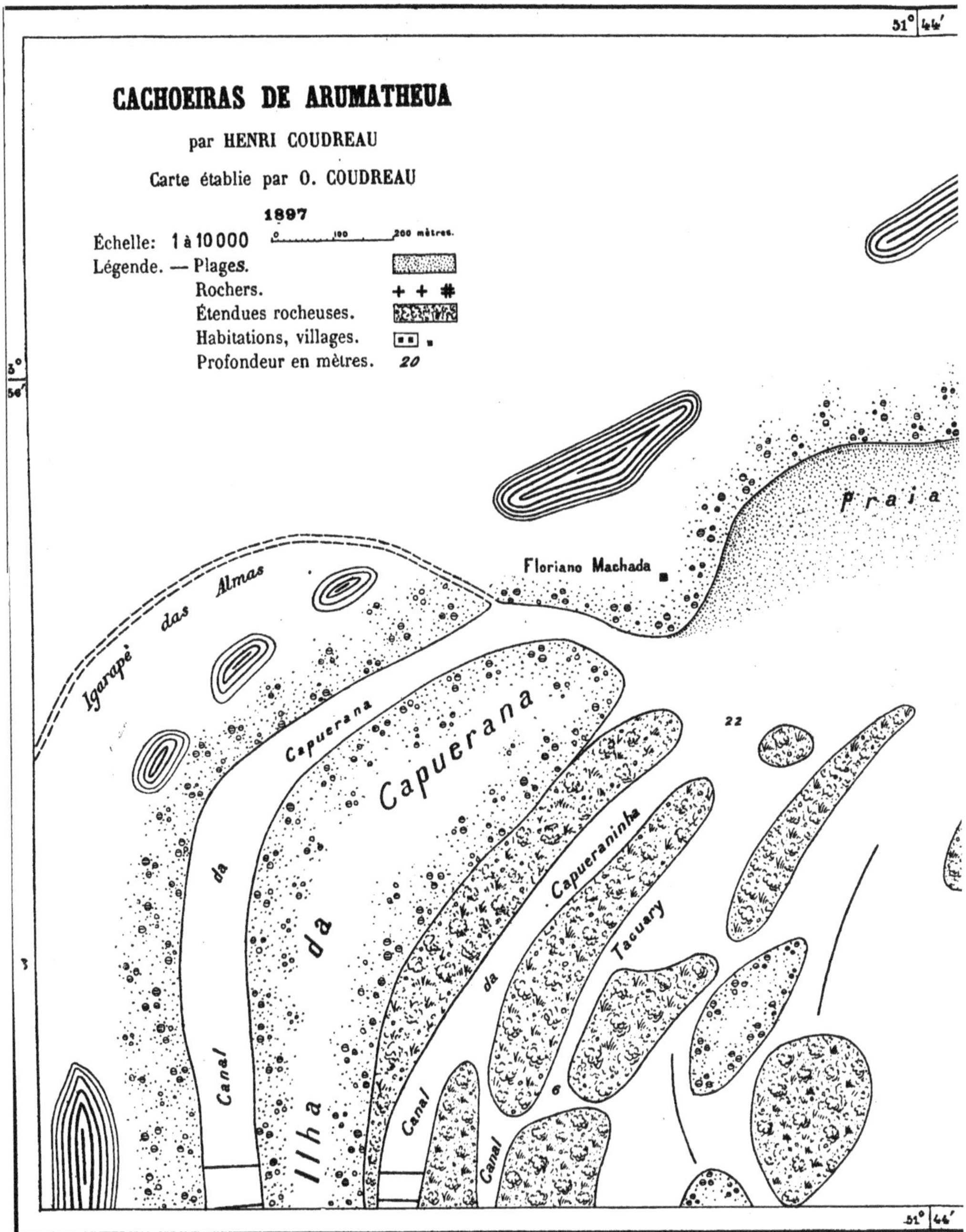

Université Nouvelle. — Institut géographique de Bruxelles.

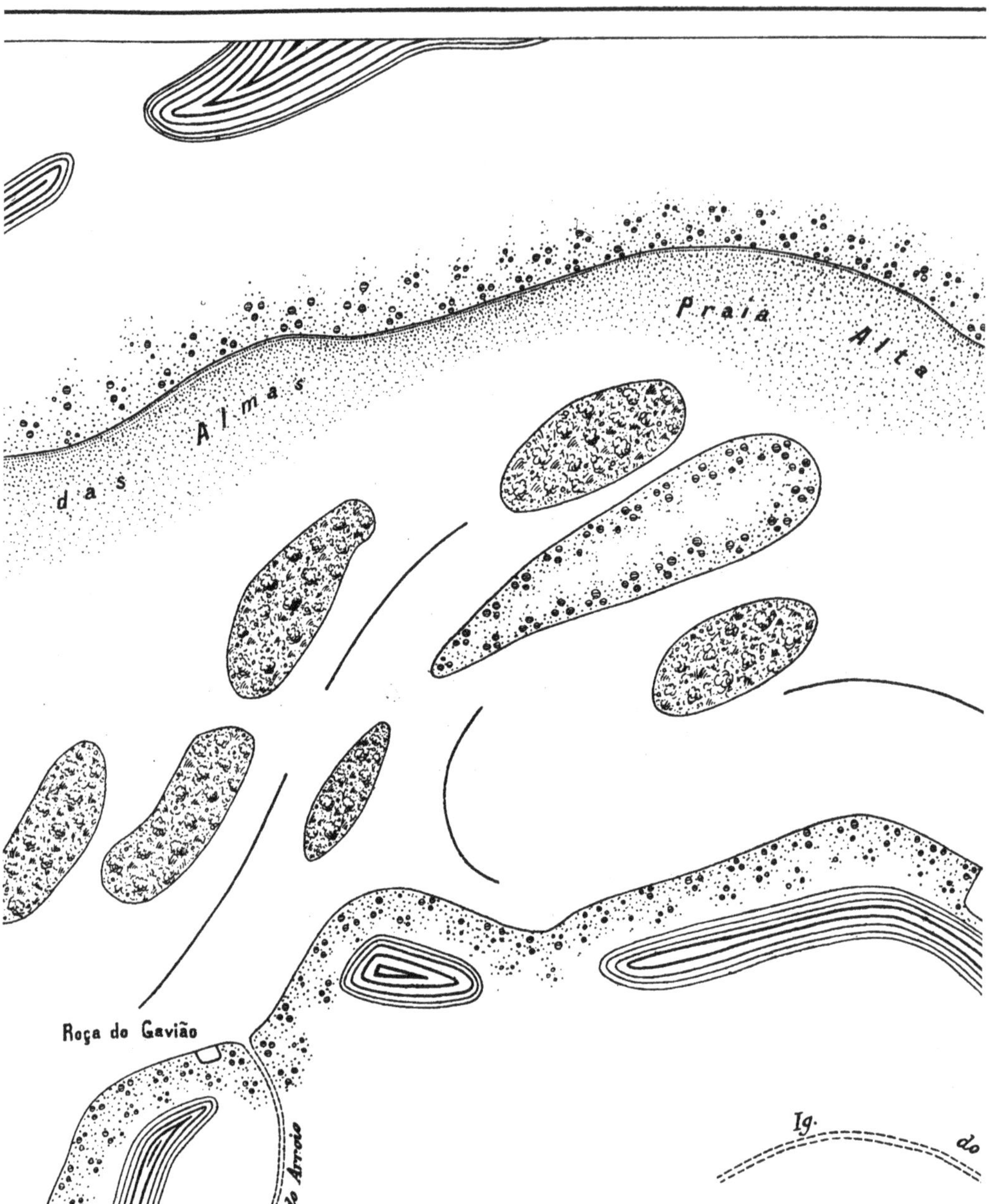
Praia Alta
das Almas
Roça do Gavião
Ig. do Arroio
Ig.
do

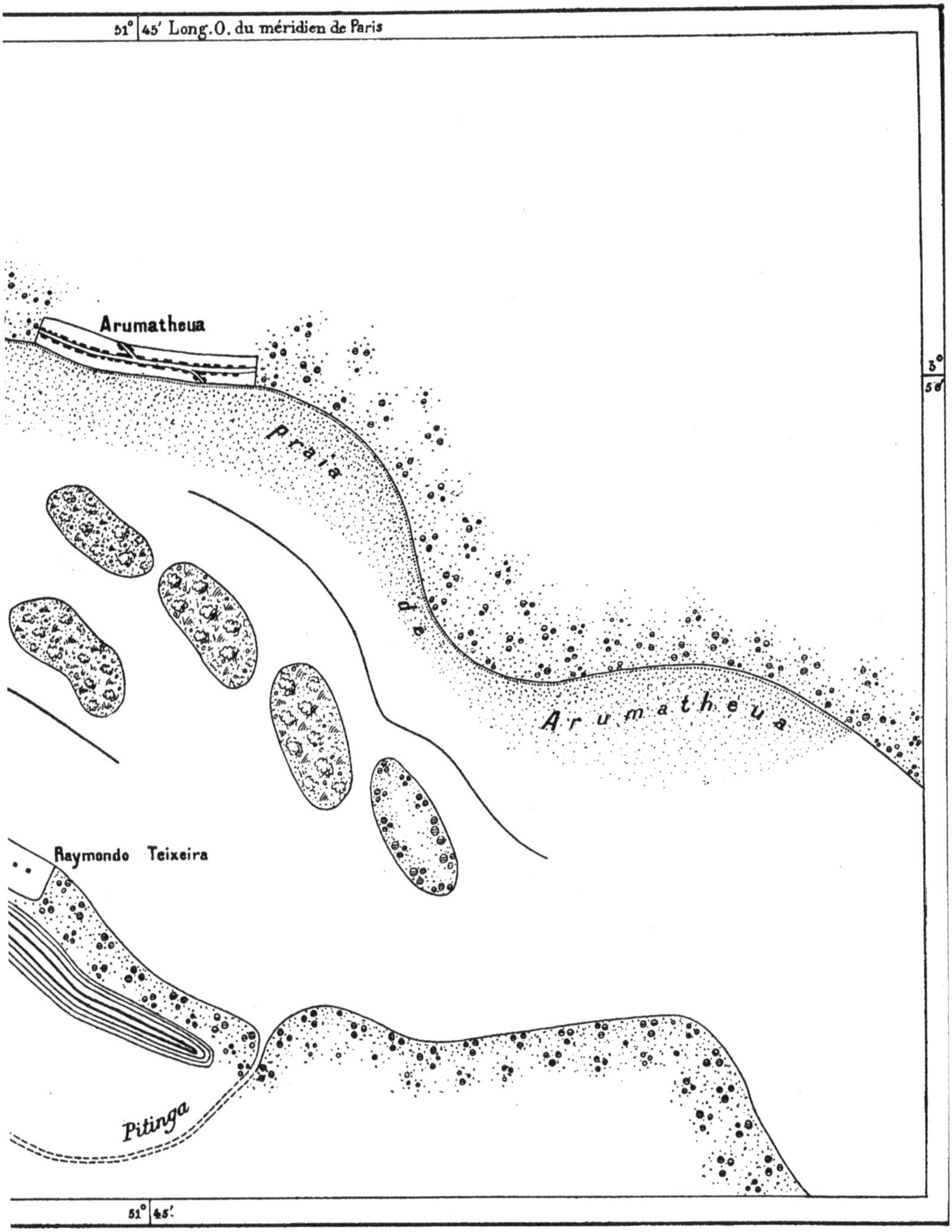
51° 45′ Long. O. du méridien de Paris
Arumatheua
Praia de Arumatheua
3° 56′
Raymondo Teixeira
Pitinga
51° 45′

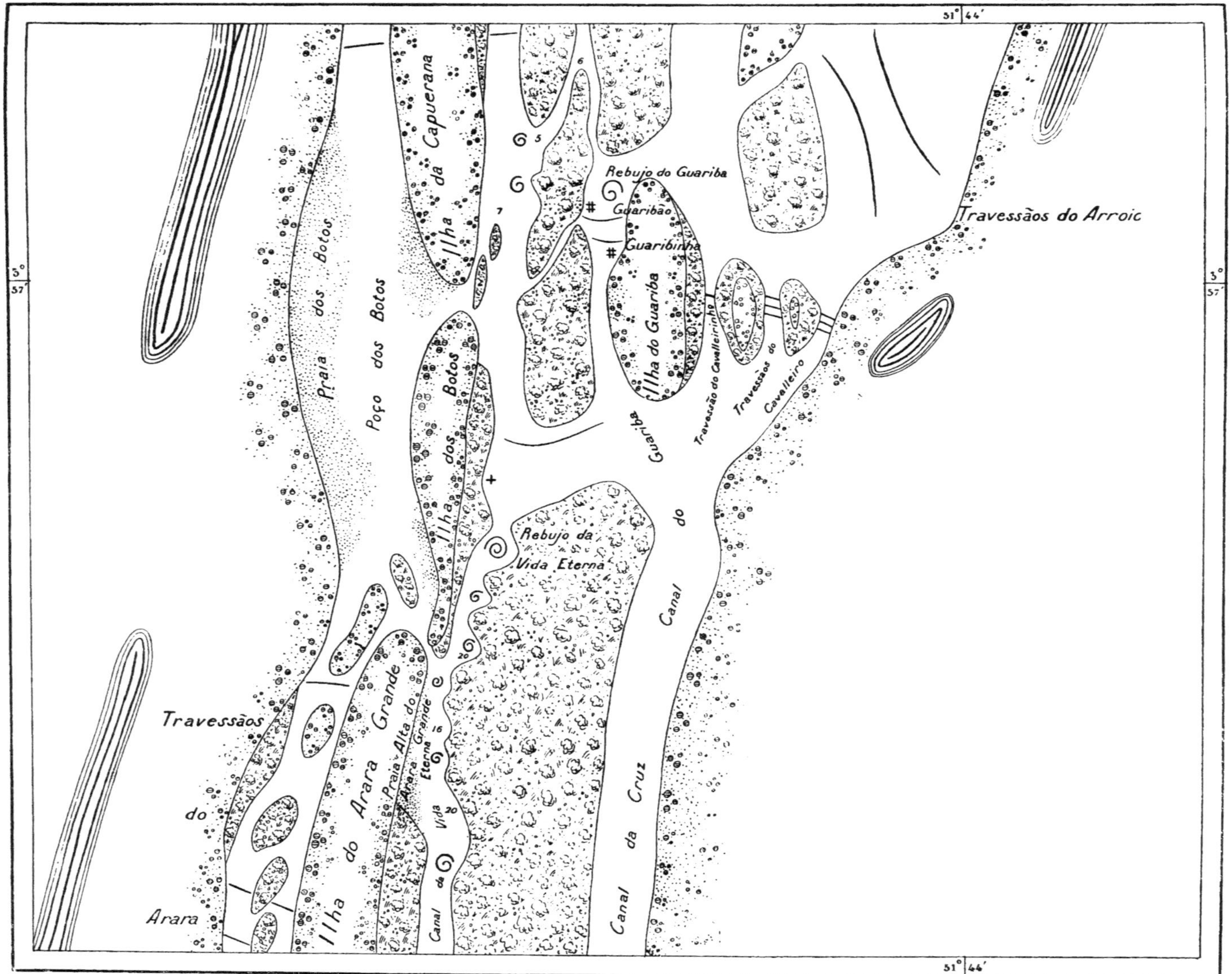
51° 44′
3° 57′
Travessãos do Arroic
Rebujo do Guariba
Guaribão
Guaribinha
Ilha do Guariba
Travessão do Cavalleirinho
Travessãos do Cavalleiro
Guariba
Canal do
Ilha da Capuerana
Ilha dos Botos
Poço dos Botos
Praia dos Botos
Rebujo da Vida Eterna
Canal da Cruz
Ilha do Arara Grande
Praia Alta do Arara Grande
Eterna
Vida
Canal da
Travessãos do Arara
5
6
7
16
20
20

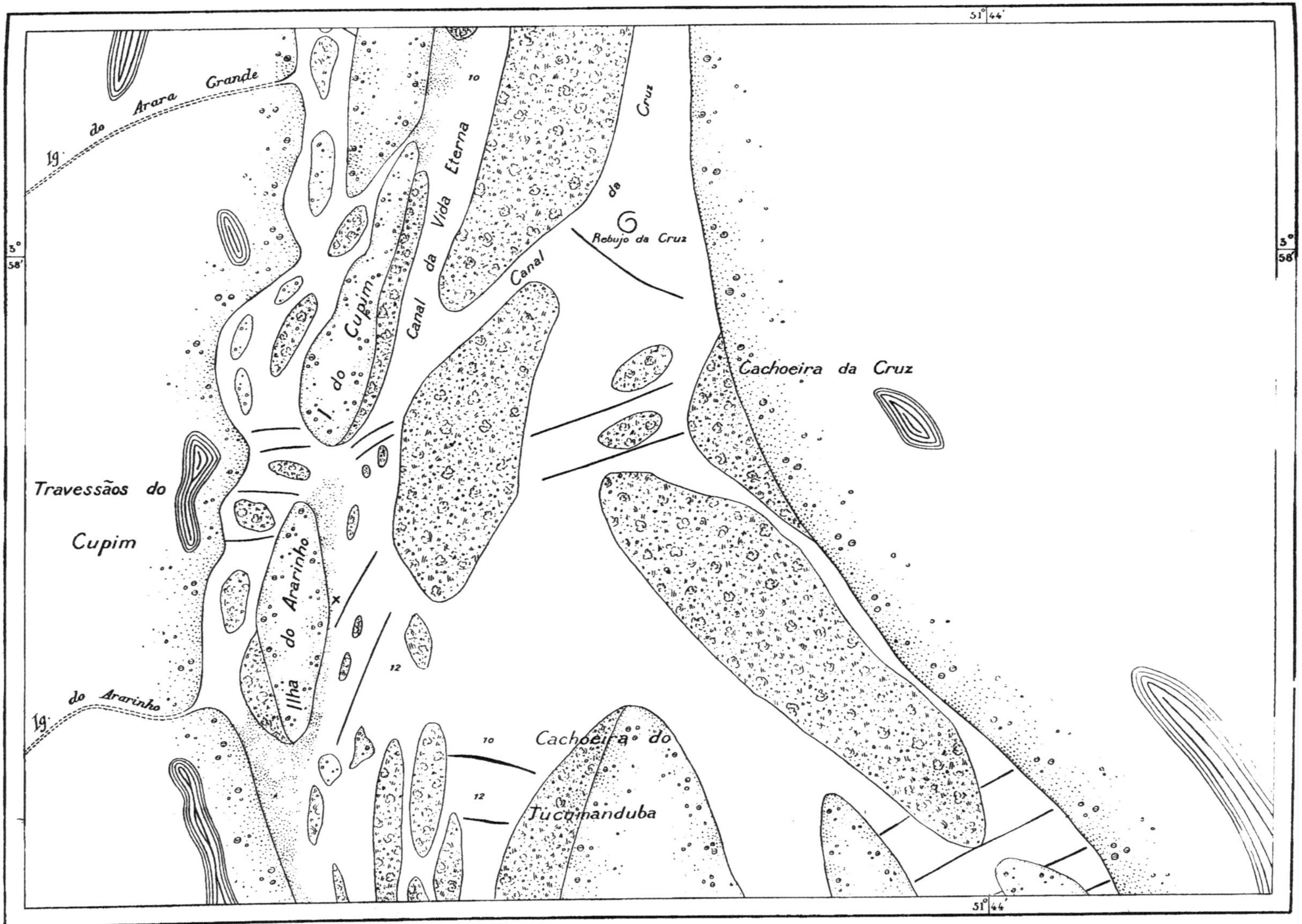

Université Nouvelle.— Institut géographique de Bruxelles.

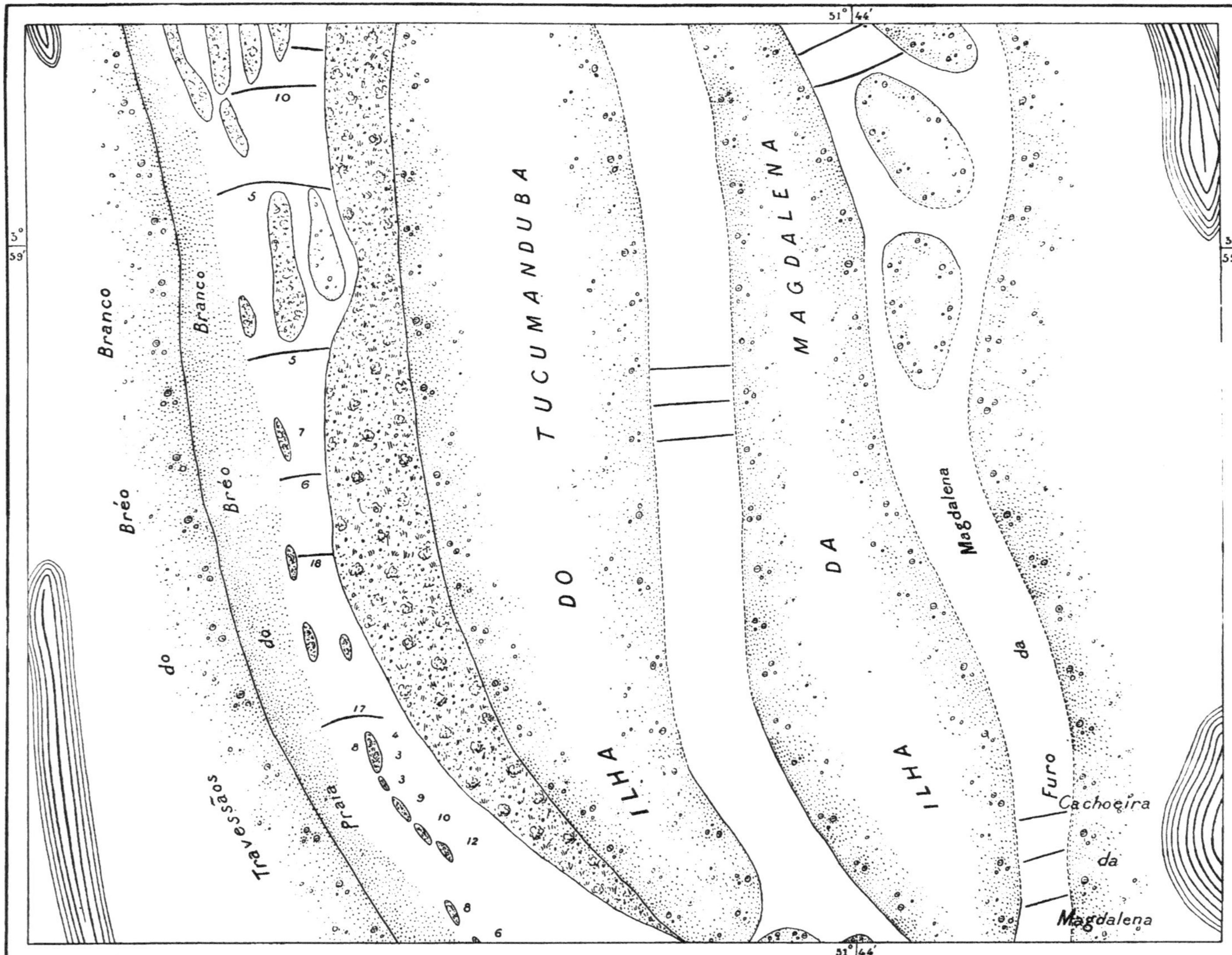
51° 44'
3° 59'
Branco
Bréo
do
Branco
Bréo
do
Travessãos
Praia
TUCUMANDUBA
DO
ILHA
MAGDALENA
DA
ILHA
Magdalena
da
Furo
Cachoeira
da
Magdalena
10
5
5
7
6
18
17
8
4
3
3
9
10
12
8
6

Cachoeiras de Arumatheua, n°3.

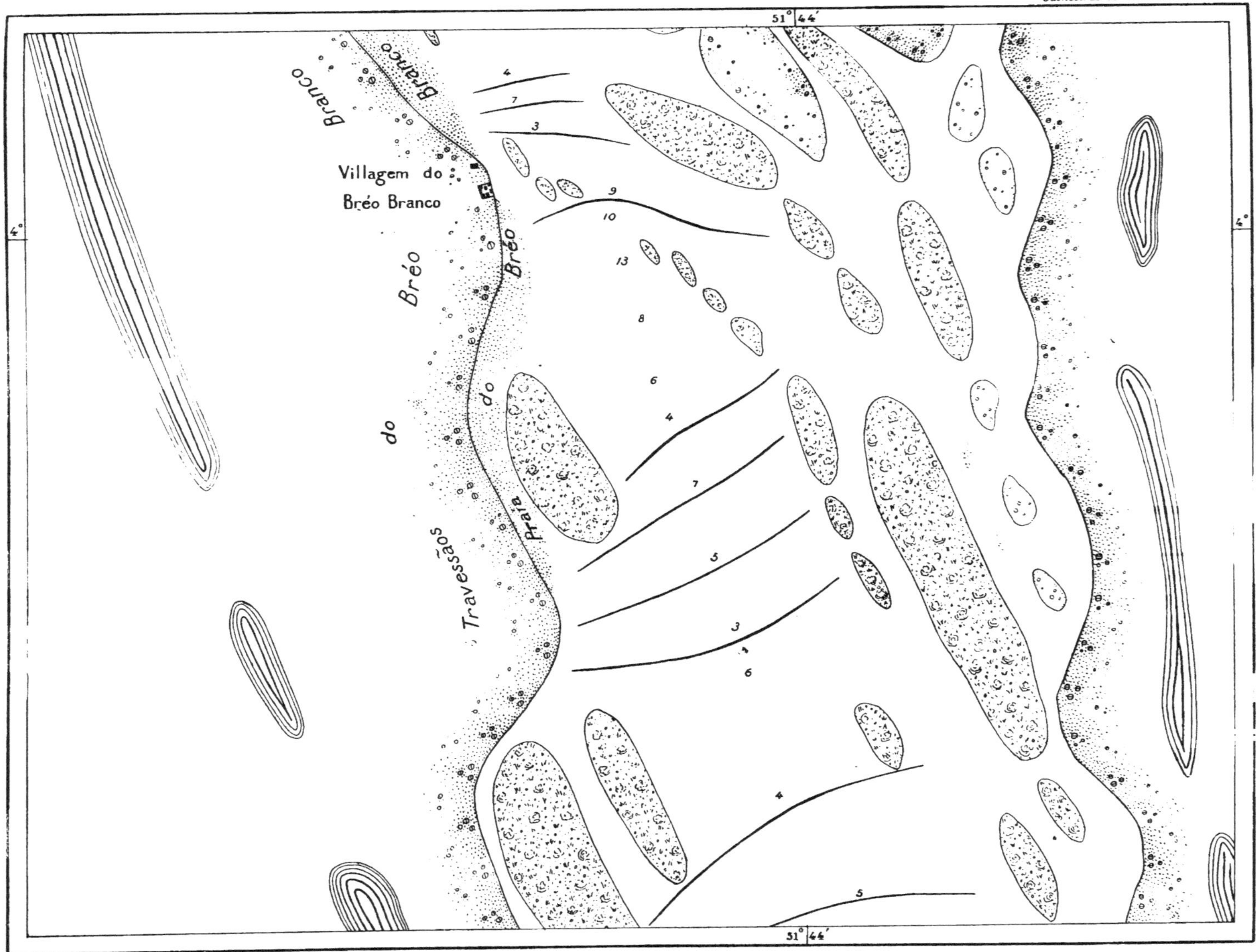

Université Nouvelle. — Institut géographique de Bruxelles.

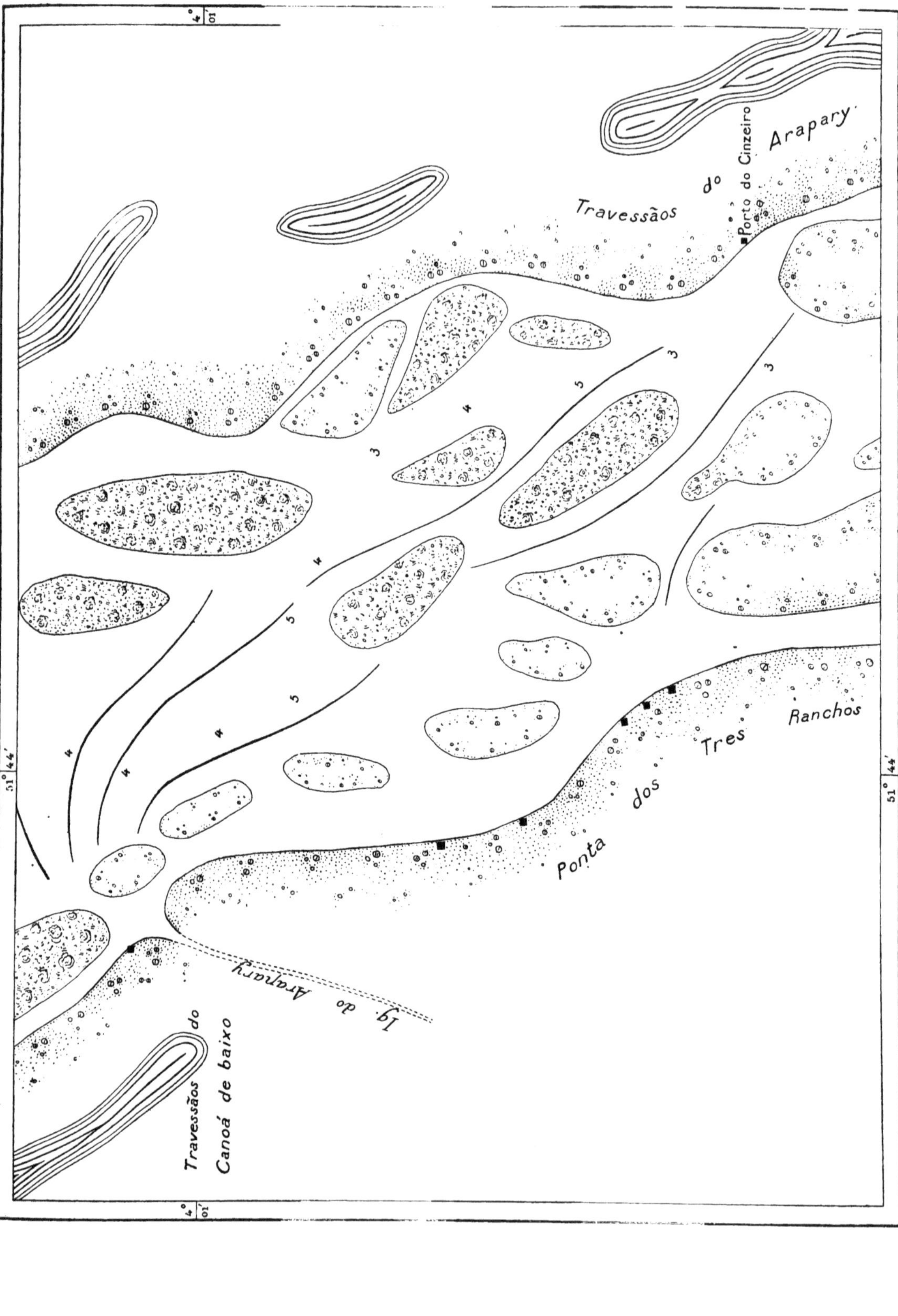

Université Nouvelle.— Institut géographique de Bruxelles.

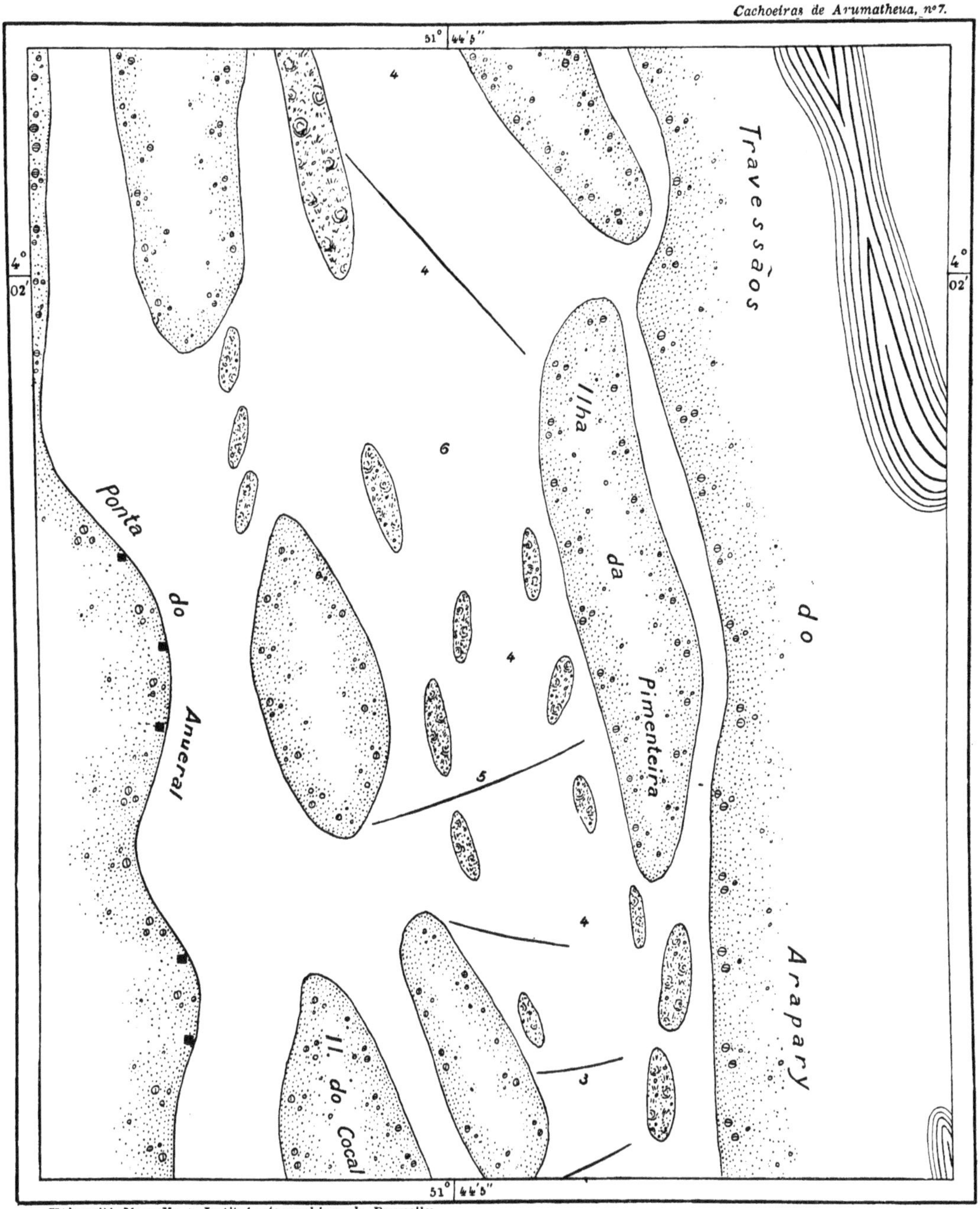

Université Nouvelle.— Institut géographique de Bruxelles.

Cachoeiras de Arumatheua, n° 8.

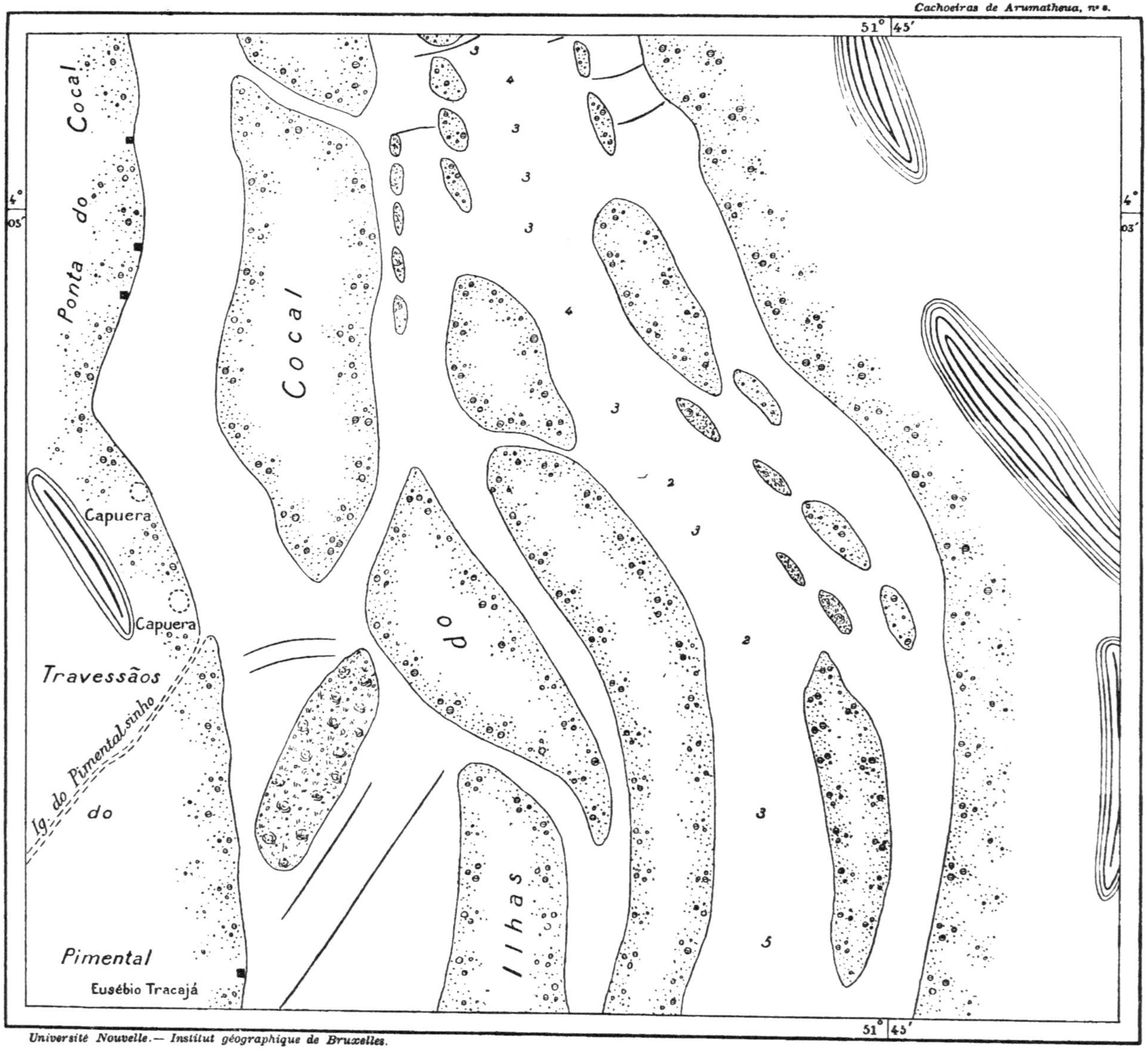

Université Nouvelle.— Institut géographique de Bruxelles.

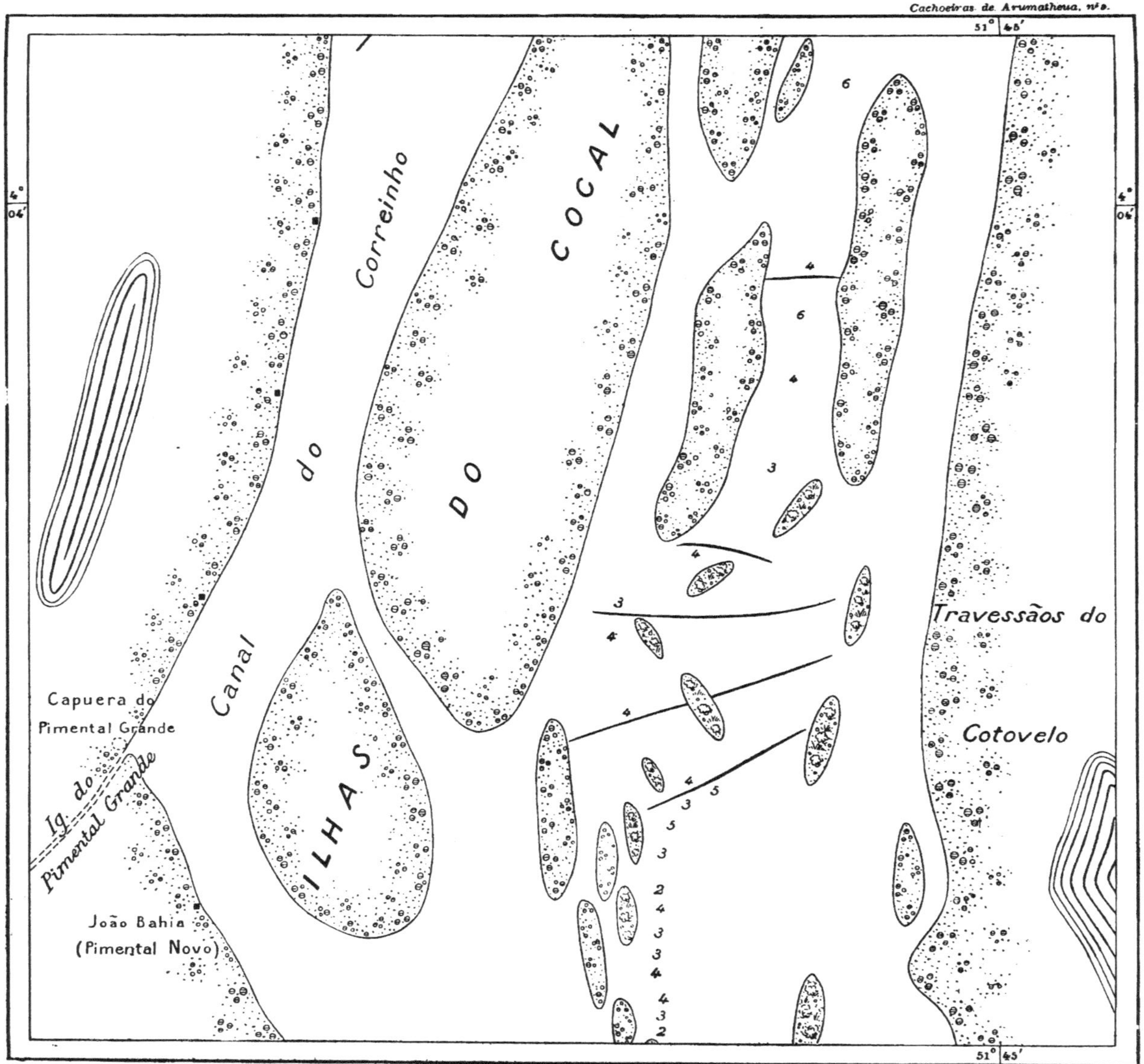

Université Nouvelle. — Institut géographique de Bruxelles.

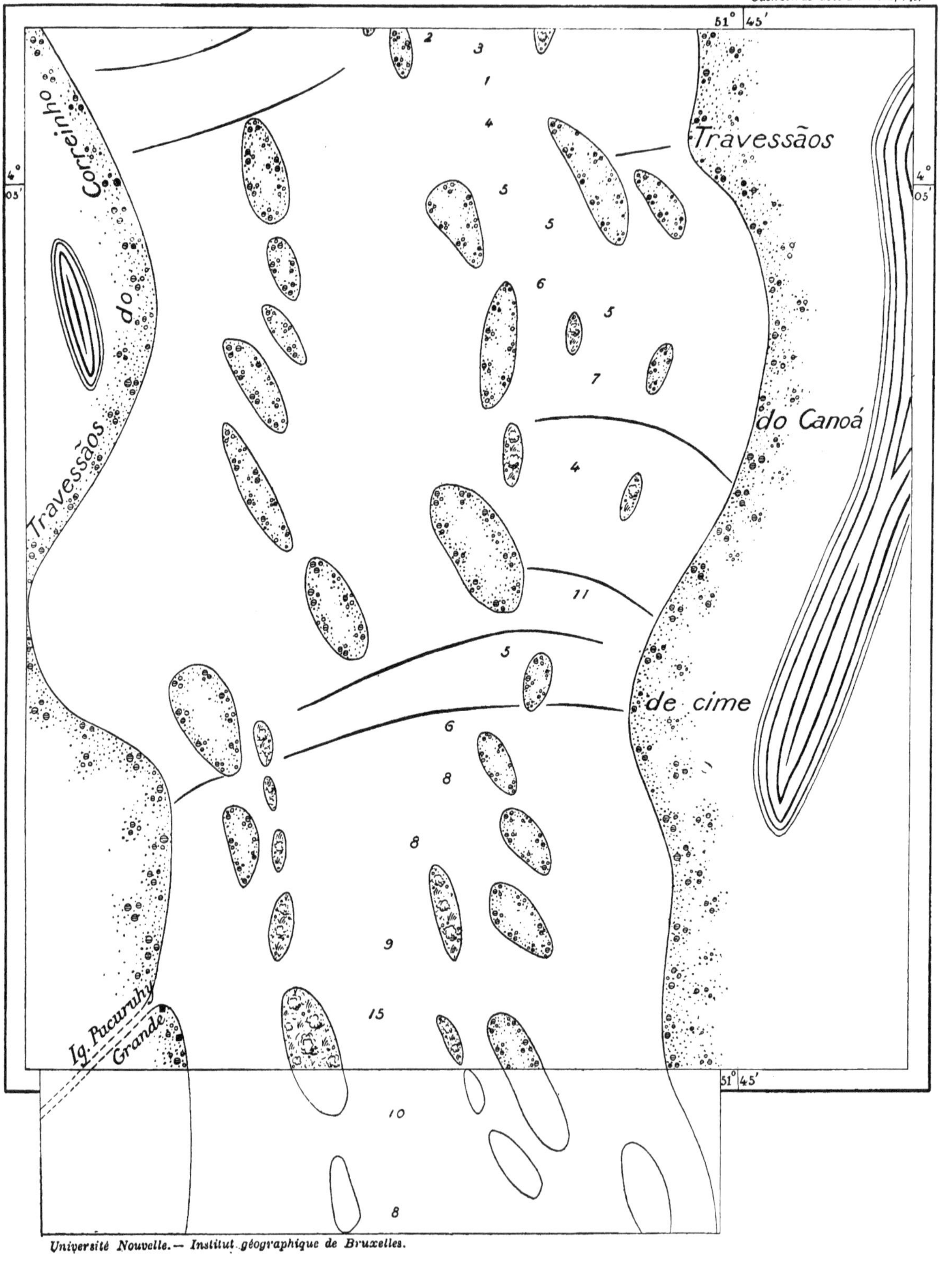
51° 45'
4° 05'
4° 05'
Travessãos do Correinho
Travessãos do Canoá de cime
Ig. Pucuruhy Grande
2
3
1
4
5
5
6
5
7
4
11
5
6
8
8
9
15
10
8
51° 45'

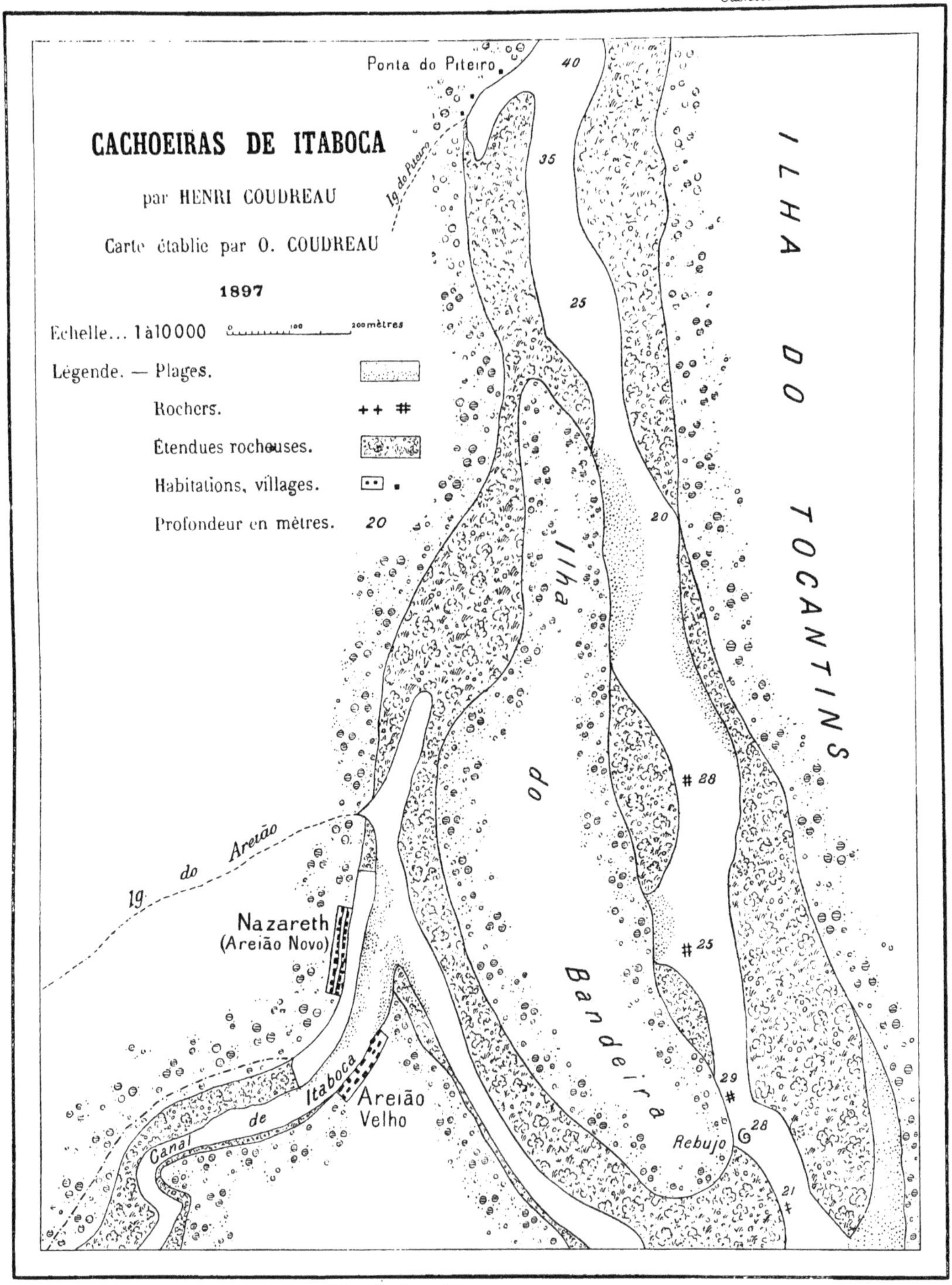
CACHOEIRAS DE ITABOCA
par HENRI COUDREAU
Carte établie par O. COUDREAU
1897
Echelle... 1 à 10000
0 100 200 mètres
Légende. — Plages.
Rochers. ++ #
Étendues rocheuses.
Habitations, villages.
Profondeur en mètres. 20
Ponta do Piteiro
Ig. do Piteiro
ILHA DO TOCANTINS
Ilha do Bandeira
Ig. do Areião
Nazareth
(Areião Novo)
Areião Velho
Canal de Itaboca
Rebujo
40
35
25
20
28
25
29
28
21

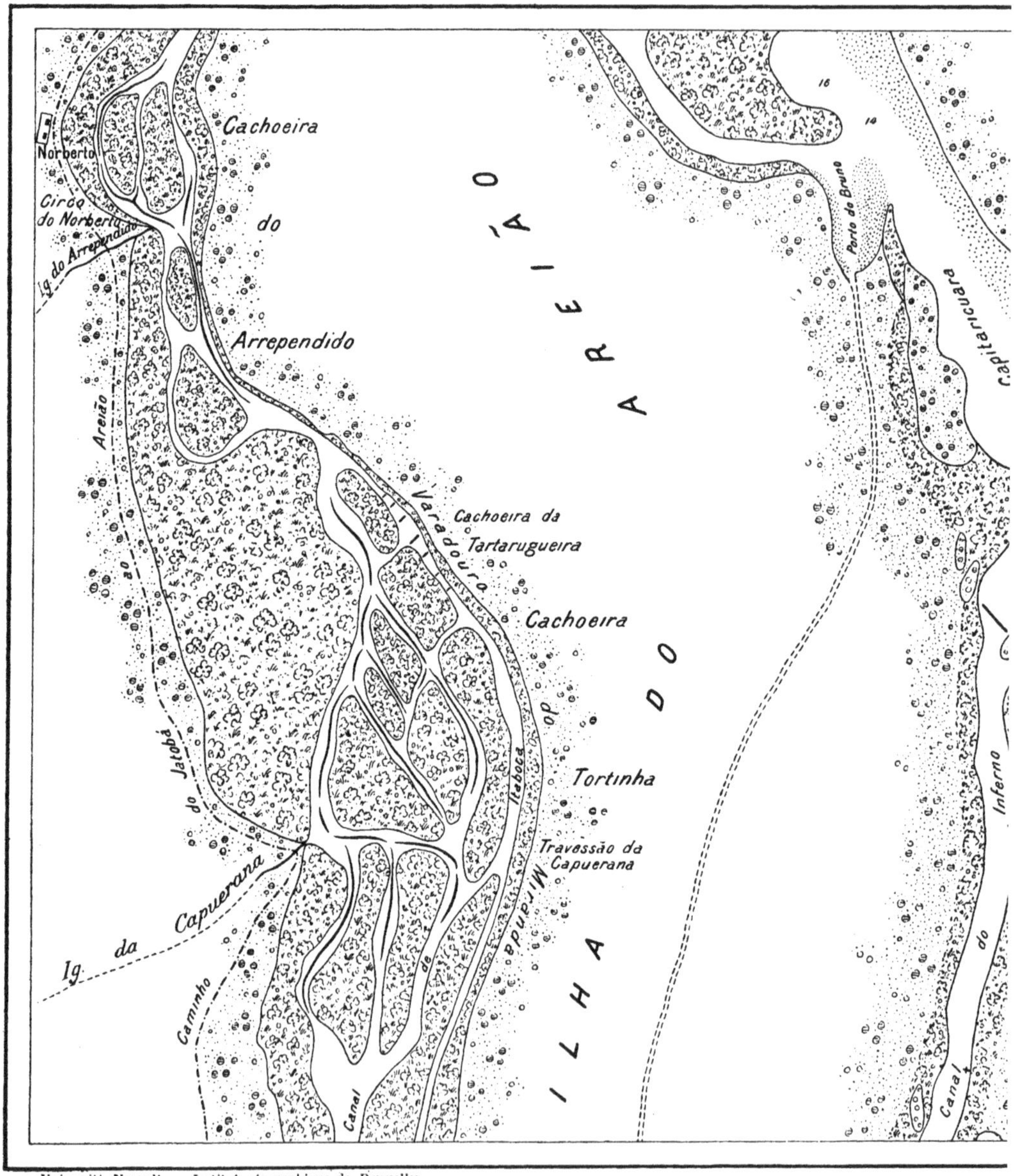

Université Nouvelle. — Institut géographique de Bruxelles.

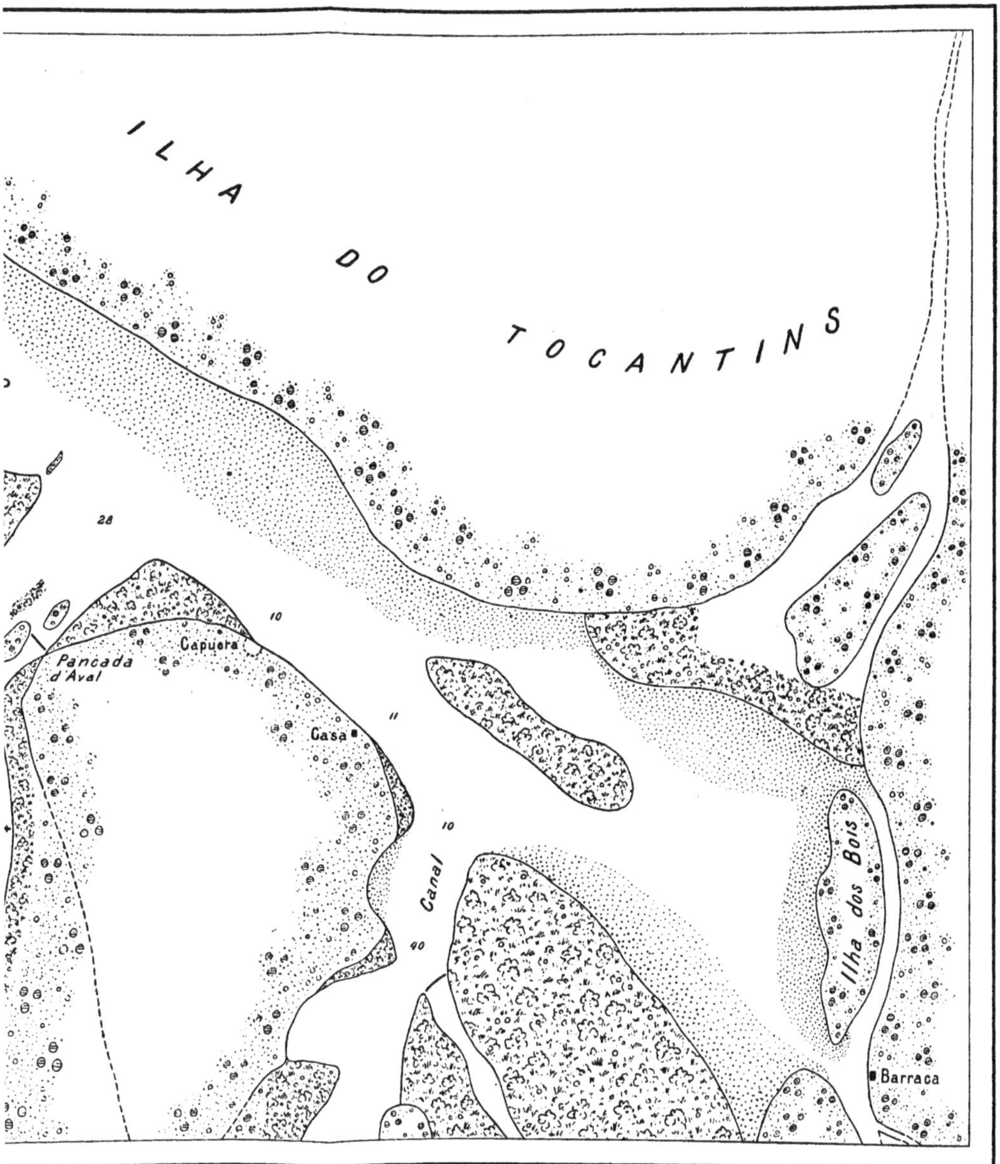
ILHA DO TOCANTINS
28
10
Capuera
Pancada d'Aval
11
Casa
10
Canal
40
Ilha dos Bois
Barraca

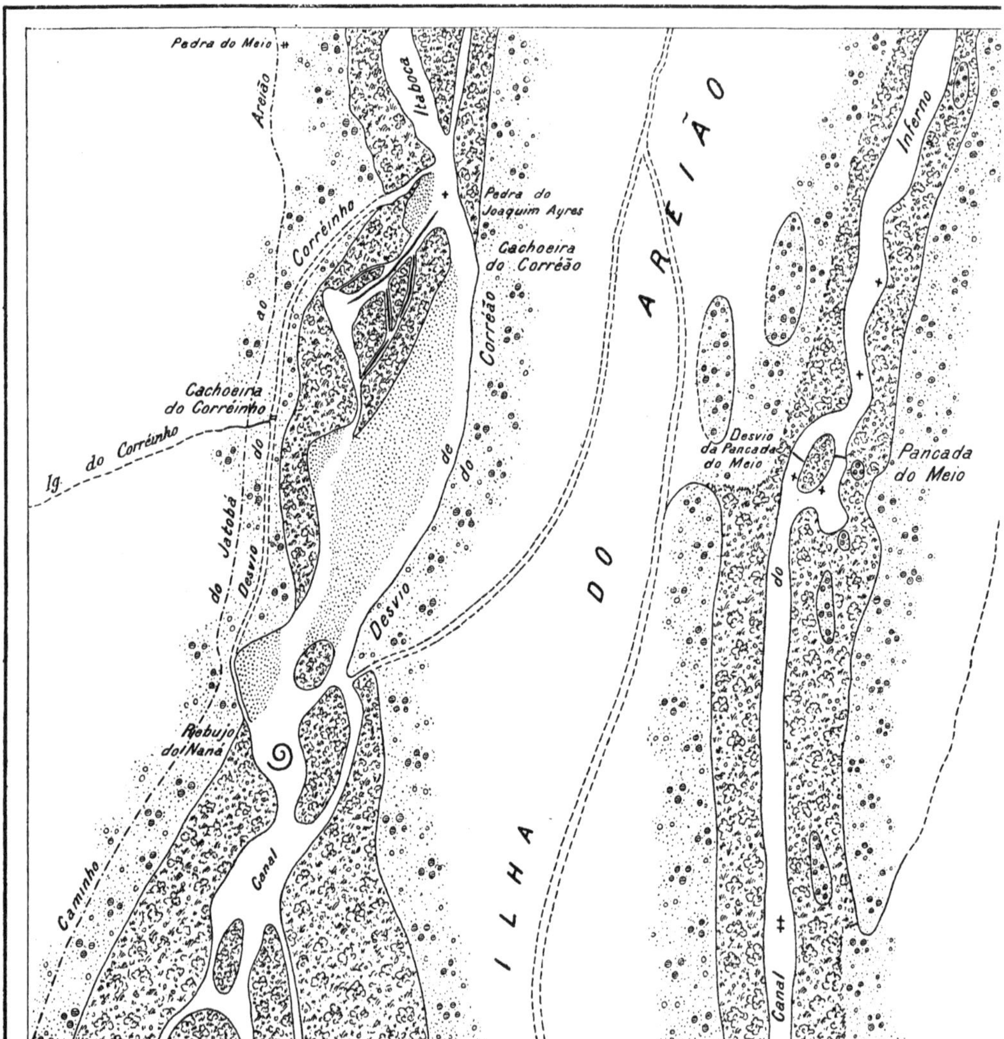

Université Nouvelle.— Institut géographique de Bruxelles.

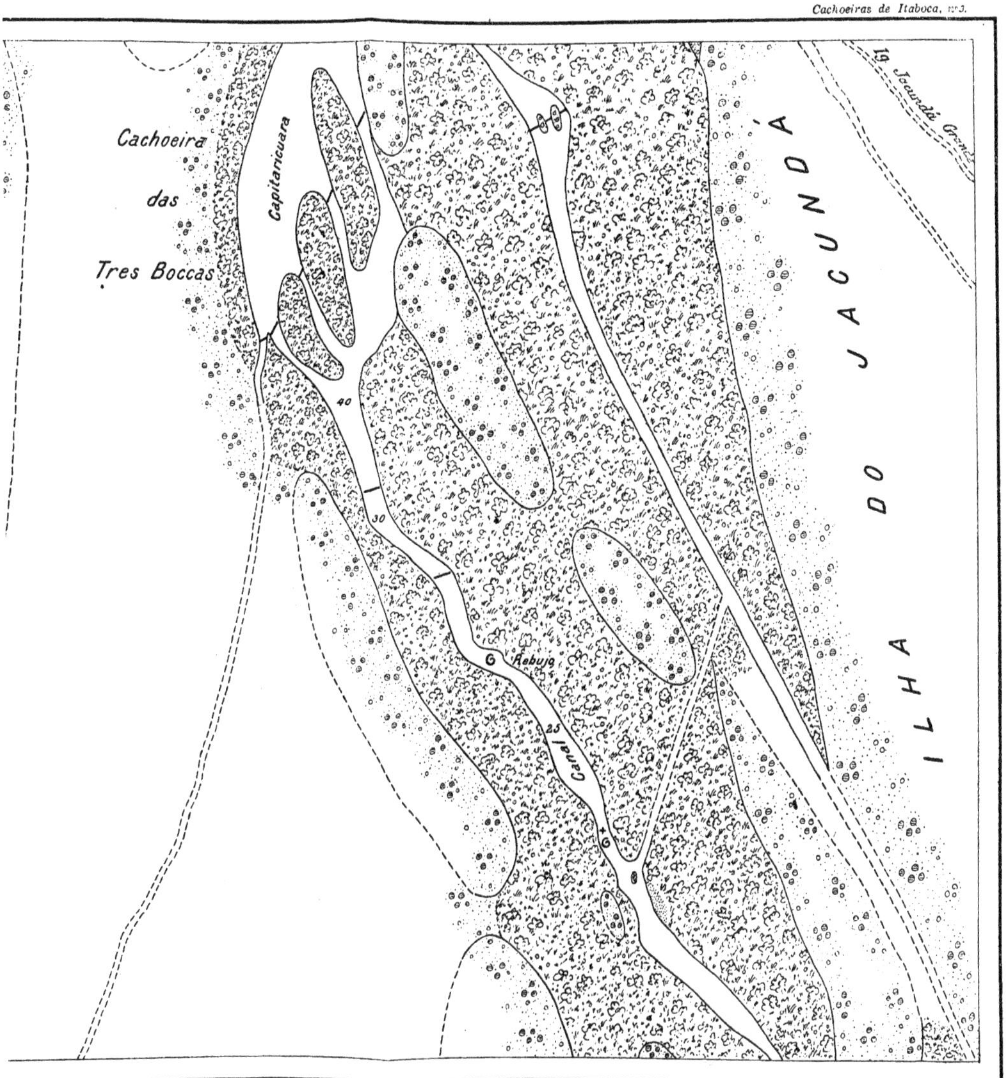
Cachoeira
das
Tres Boccas
Capitaricuara
40
30
Rebujo
25
Canal
ILHA DO JACUNDÁ
19
Jacundá

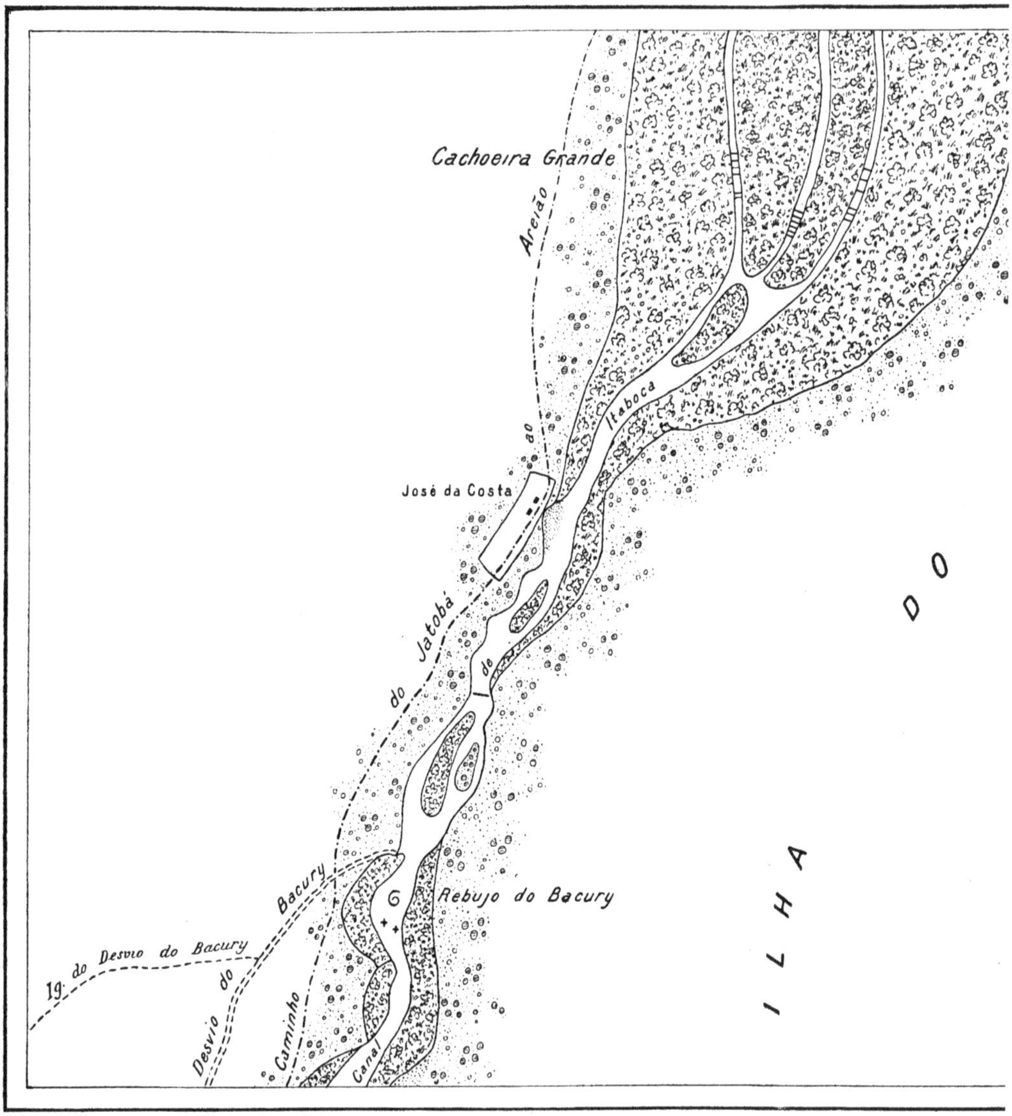

Université Nouvelle. — Institut géographique de Bruxelles

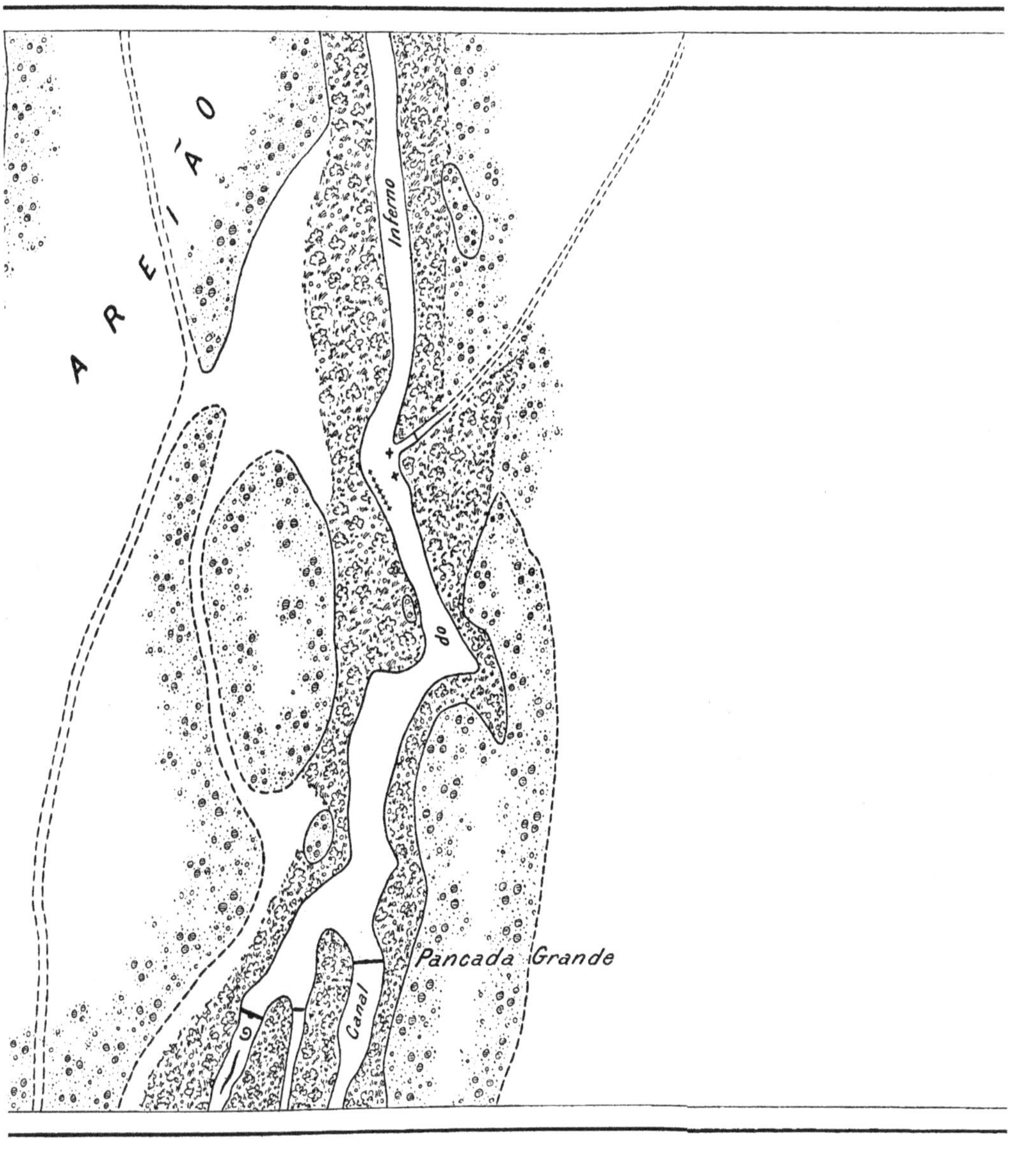

AREIÃO
Inferno
do
Pancada Grande
Canal

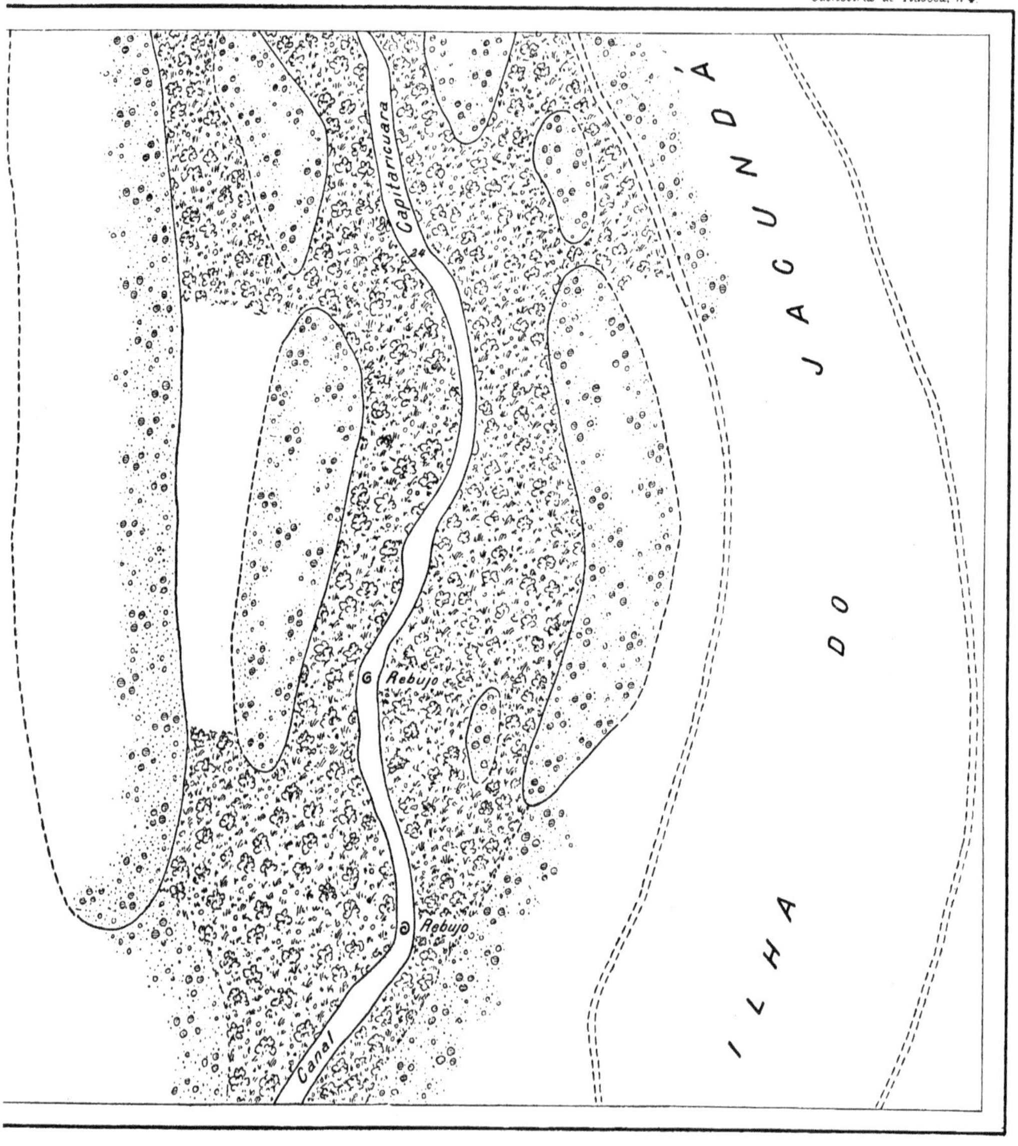
Capitaricuara
24
Rebujo
Rebujo
Canal
ILHA DO JACUNDÁ

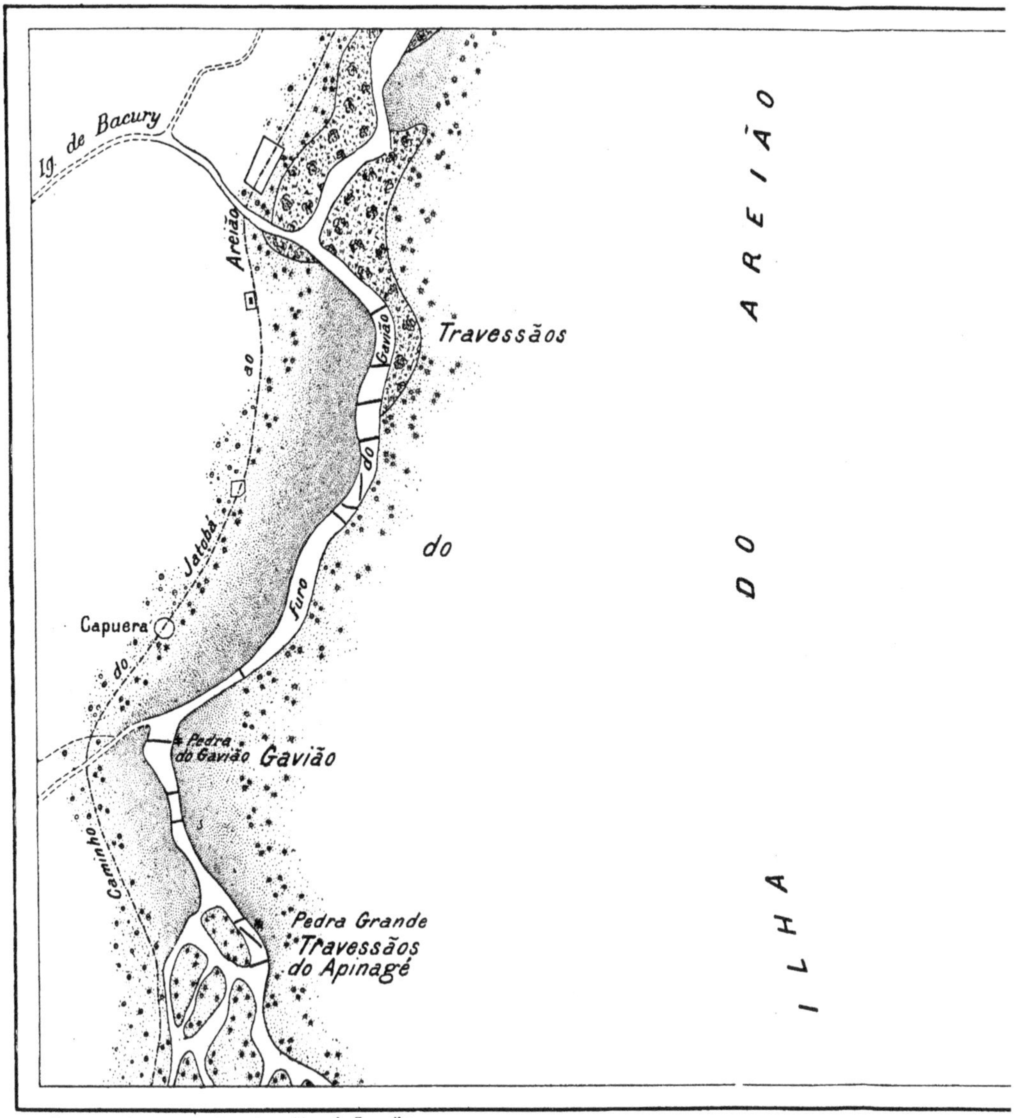

Université Nouvelle. — Institut géographique de Bruxelles.

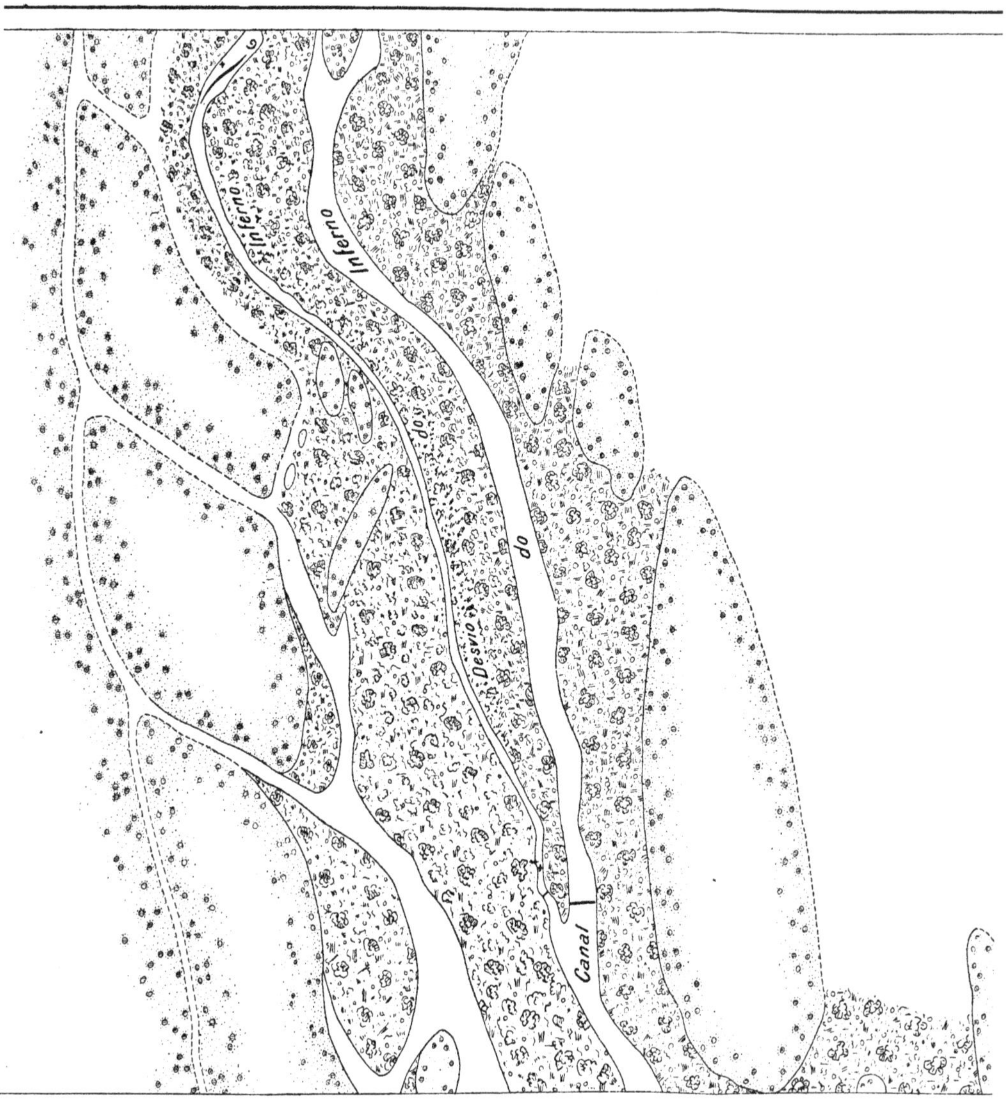

Canal do Inferno
Desvio do Inferno

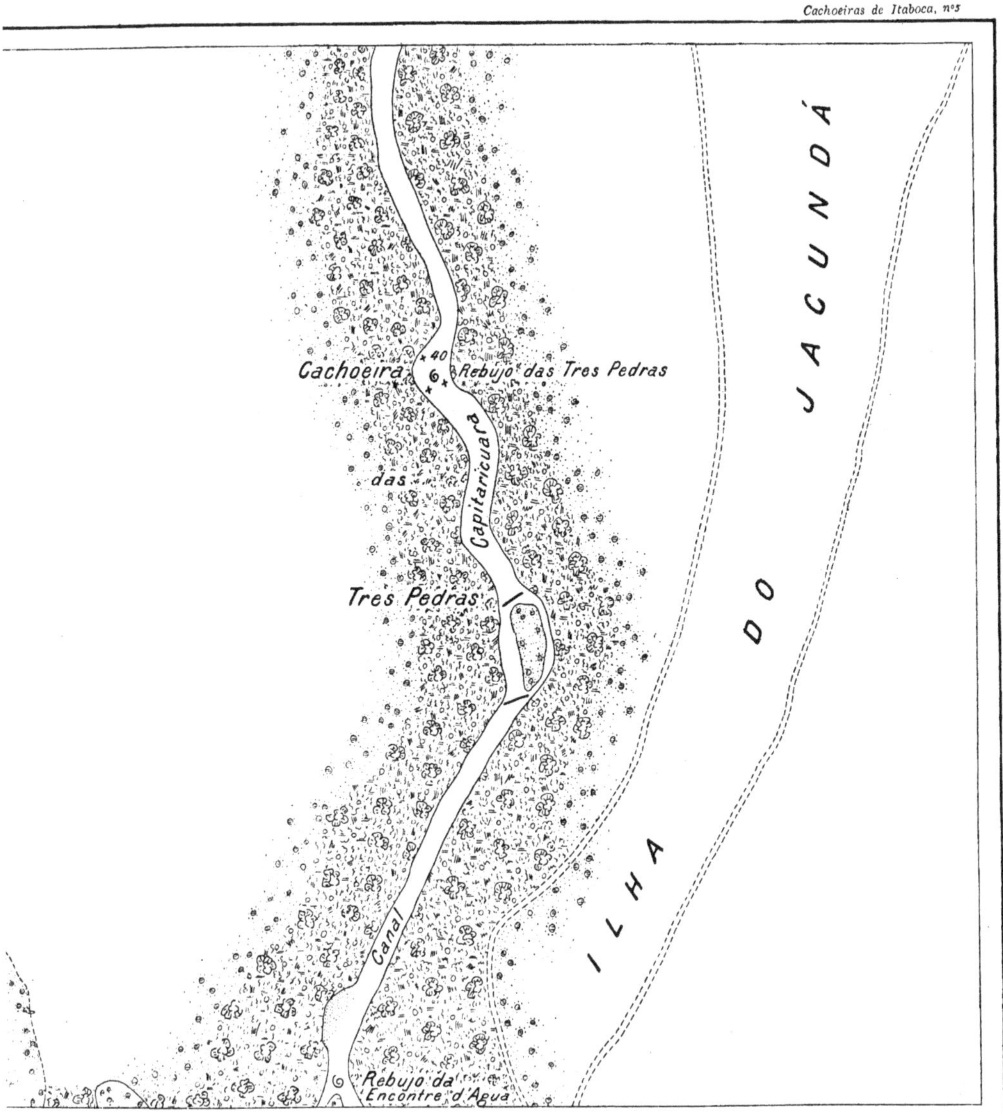
Cachoeira
40
Rebujo das Tres Pedras
das
Tres Pedras
Capitaricuara
Canal
Rebujo da
Encontre d'Agua
ILHA DO JACUNDÁ

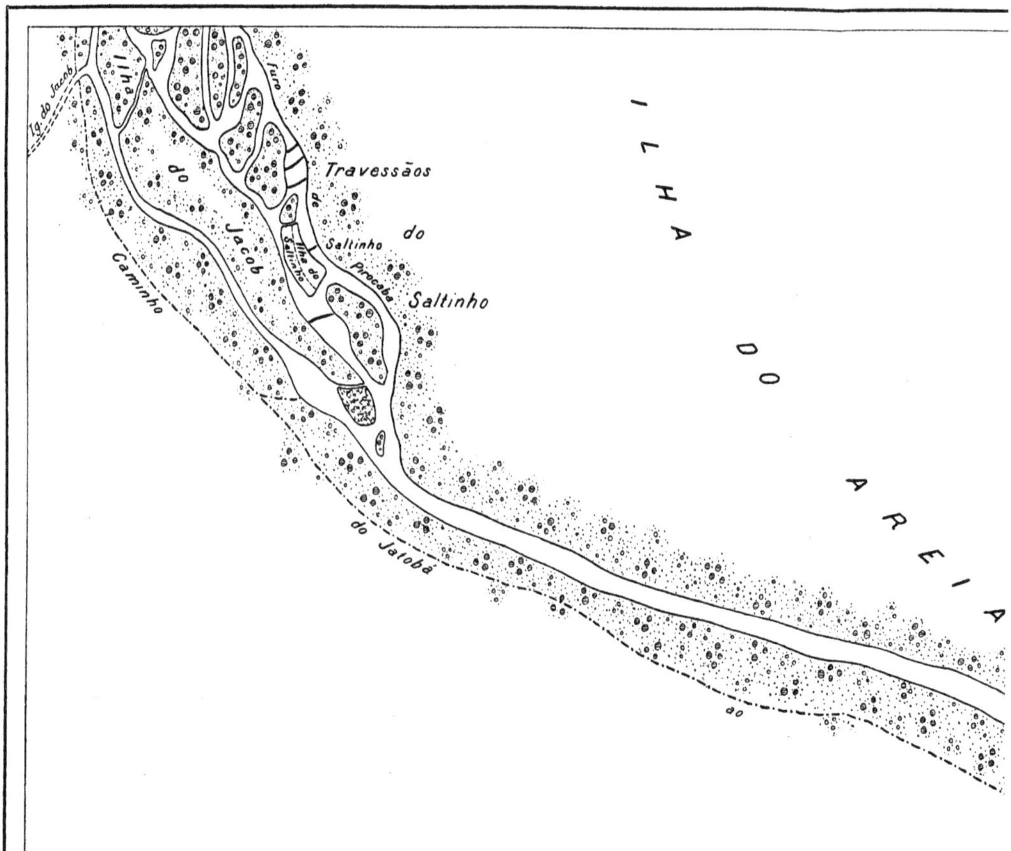

Université Nouvelle. — Institut géographique de Bruxelles.

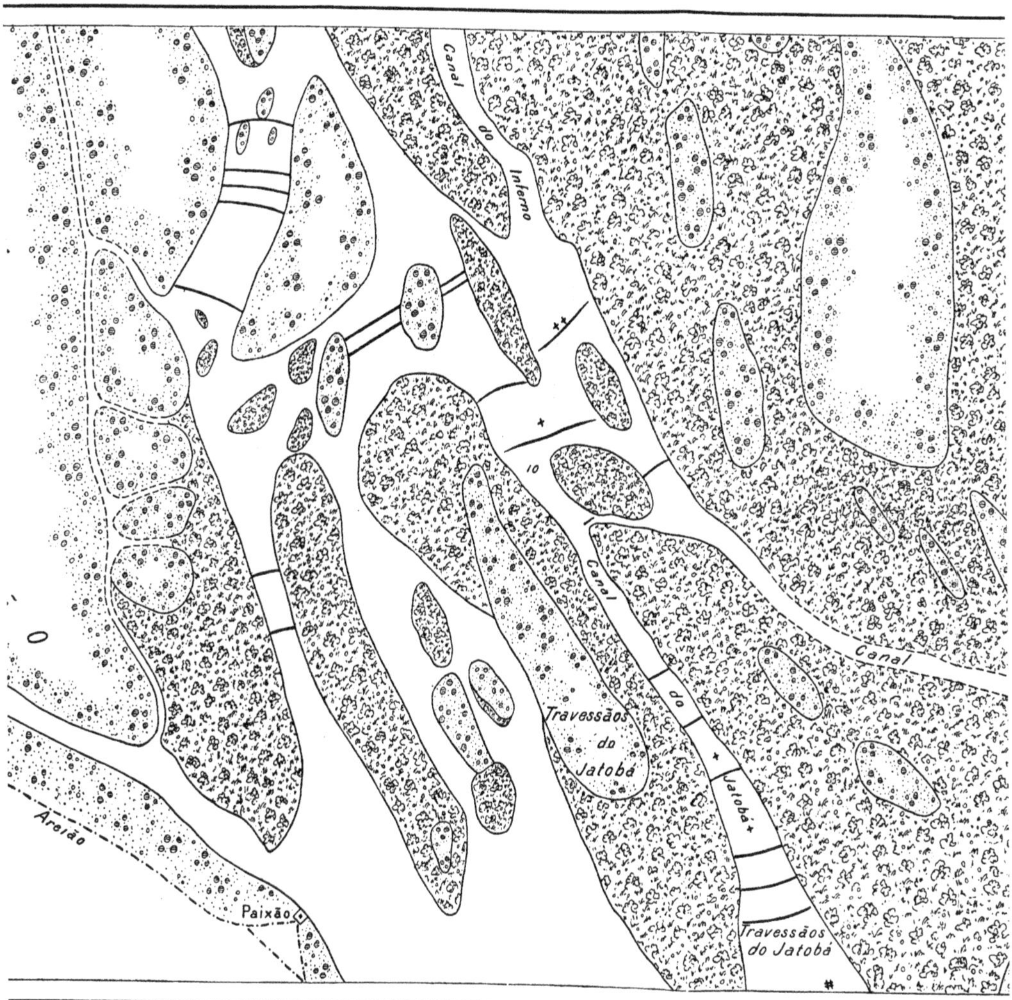
Canal do Inferno
Canal
Canal do Jatobá
Travessãos da Jatobá
Travessãos do Jatobá
Areião
Paixão
10

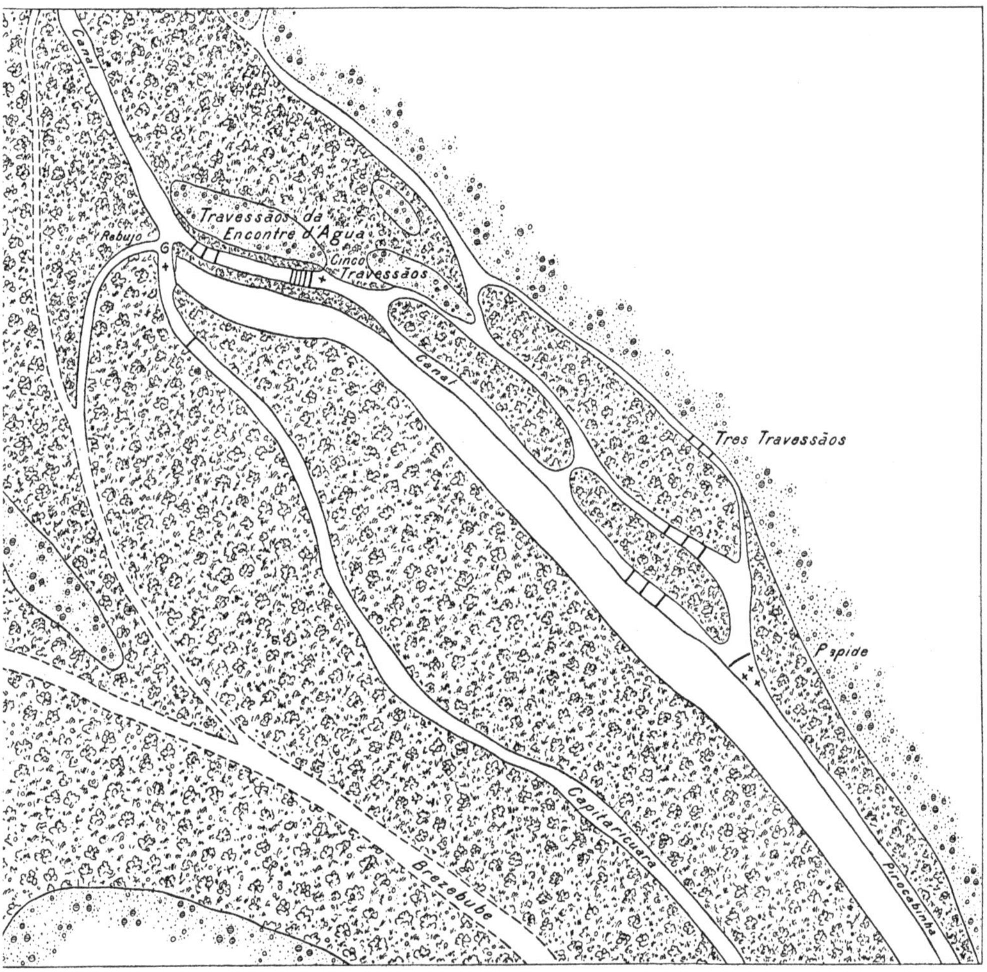
Canal
Travessãos da
Encontre d'Agua
Rebujo
Cinco
Travessãos
Canal
Tres Travessãos
P. spide
Capitaricuara
Brezebube
Pirocabinha

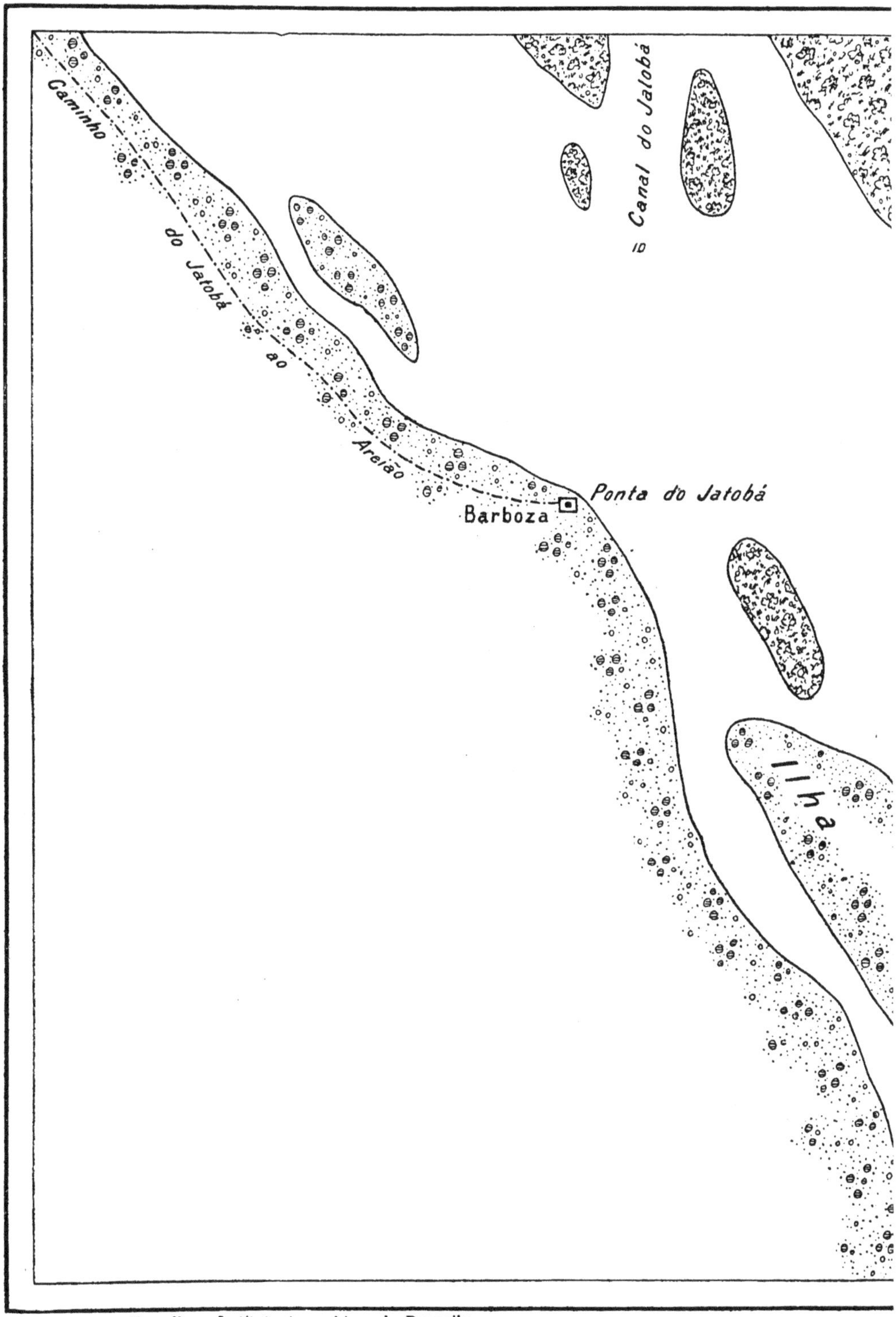

Université Nouvelle.— Institut géographique de Bruxelles.

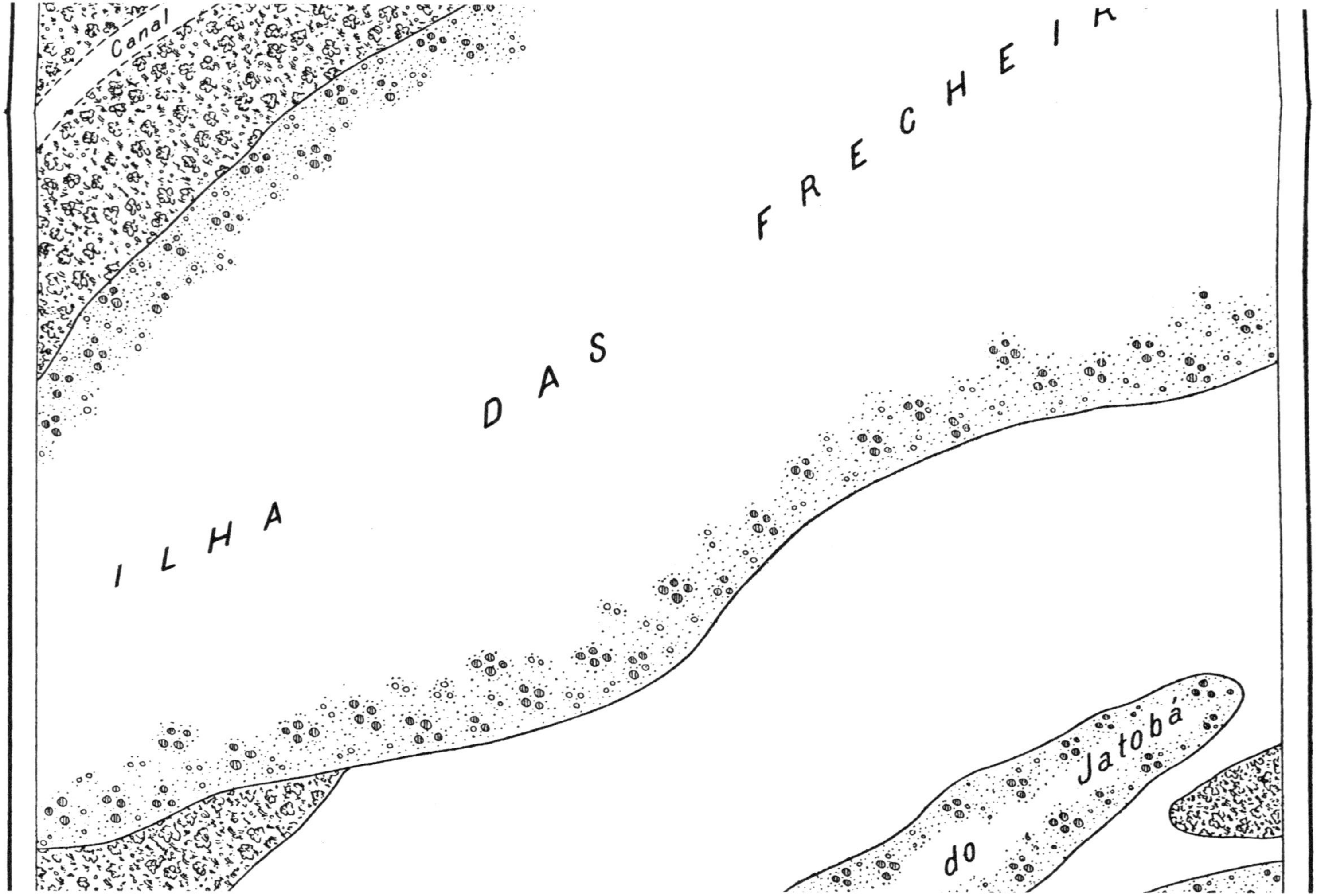
Canal
ILHA DAS FRECHEIRA
do Jatobá

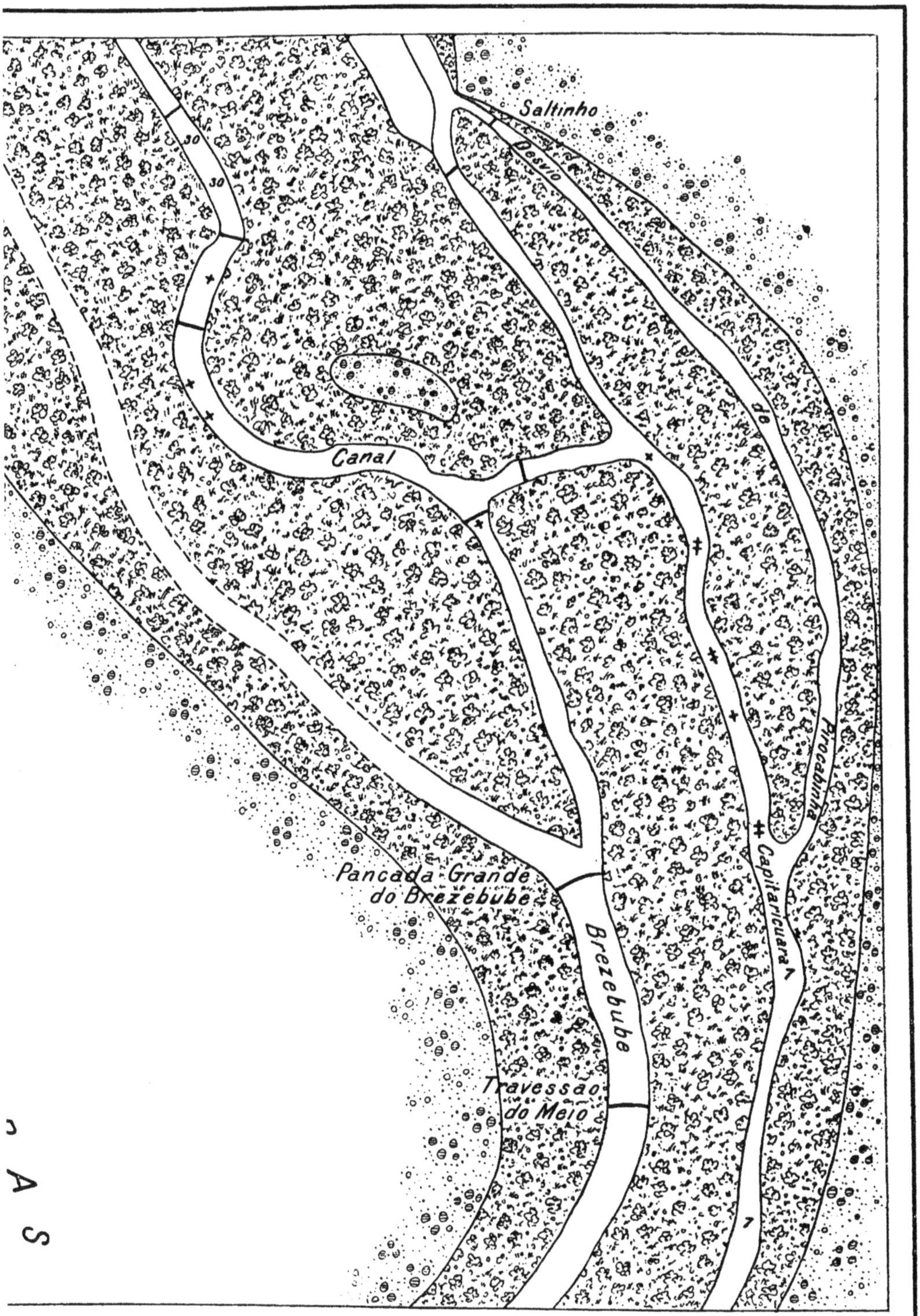
Saltinho
Desvio
do
Procabinha
Canal
Capitaricuara
Pancada Grande
do Brezebube
Brezebube
Travessão
do Meio
A S

Cachoeiras de Itaboca, n°8

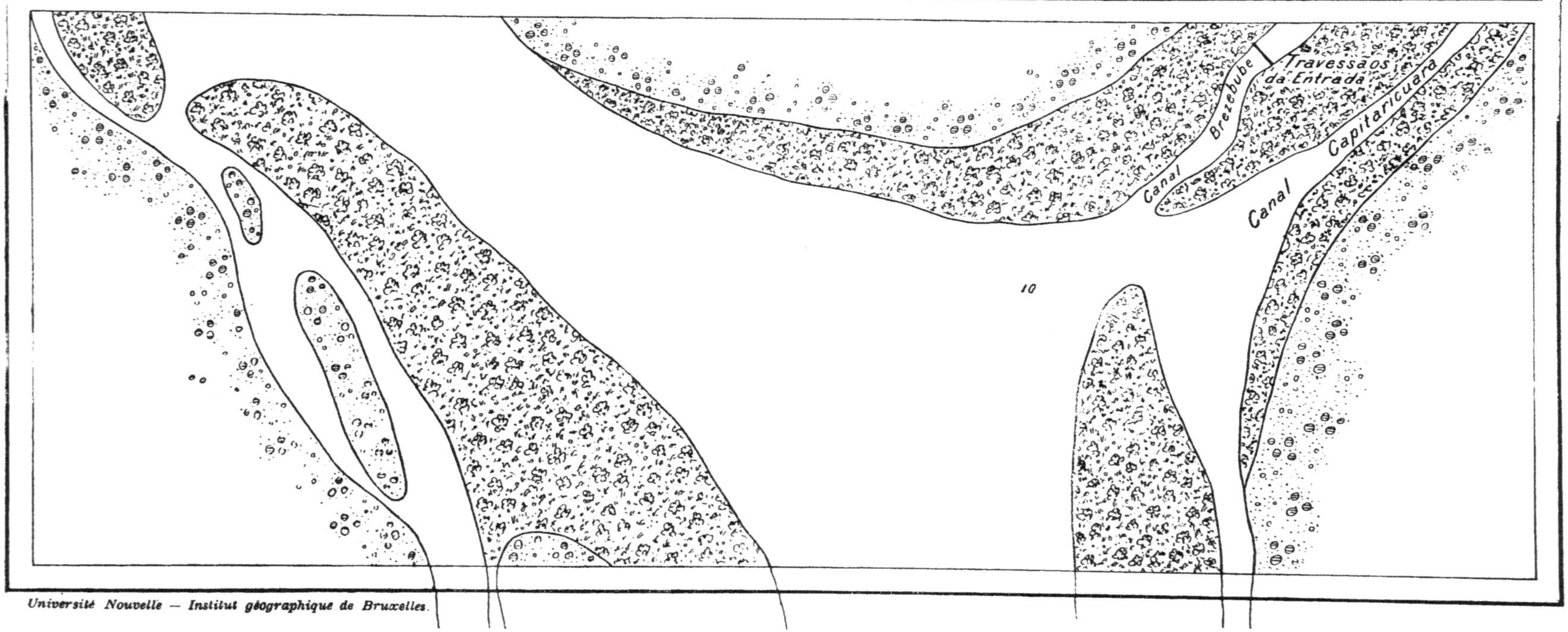

Université Nouvelle — Institut géographique de Bruxelles.

BAS TOCANTINS

de Arumatheua à l'Itacayuna

par HENRI COUDREAU

Carte établie par O. COUDREAU

1897

Échelle: 1 à 100 000 — 0 1 2 kil.

Légende. — Plage.

Rochers. + ++

Étendues rocheuses.

Habitations, villages.

Profondeur en mètres. 5

Bas Tocantins, nº 1

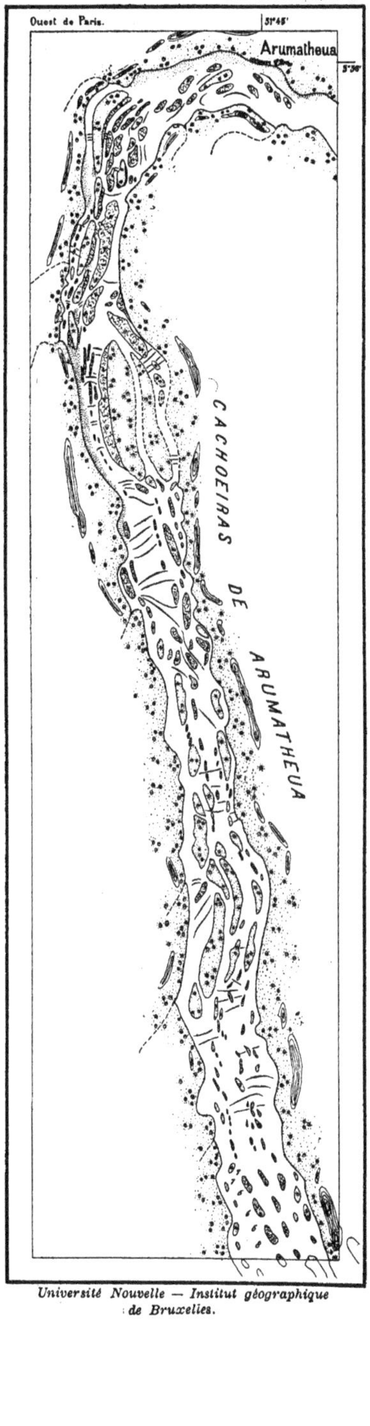

Université Nouvelle — Institut géographique de Bruxelles.

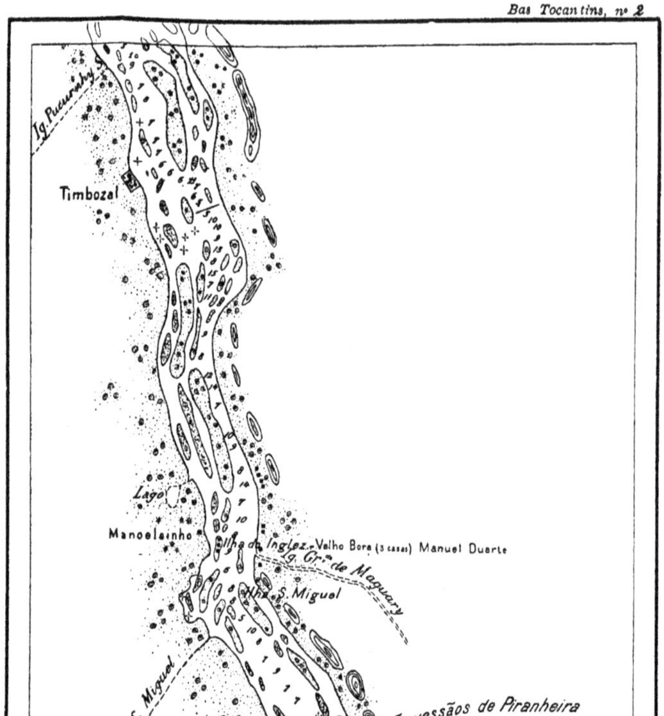

Université Nouvelle – Institut géographique de Bruxelles.

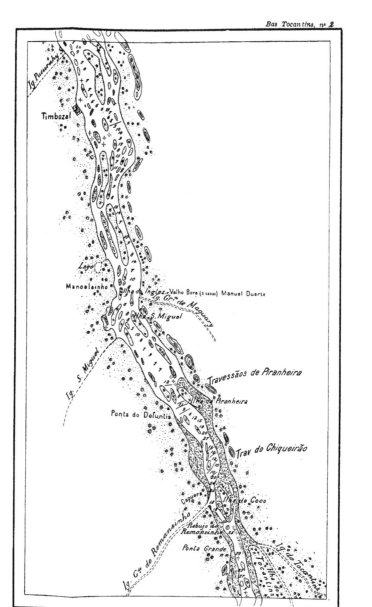

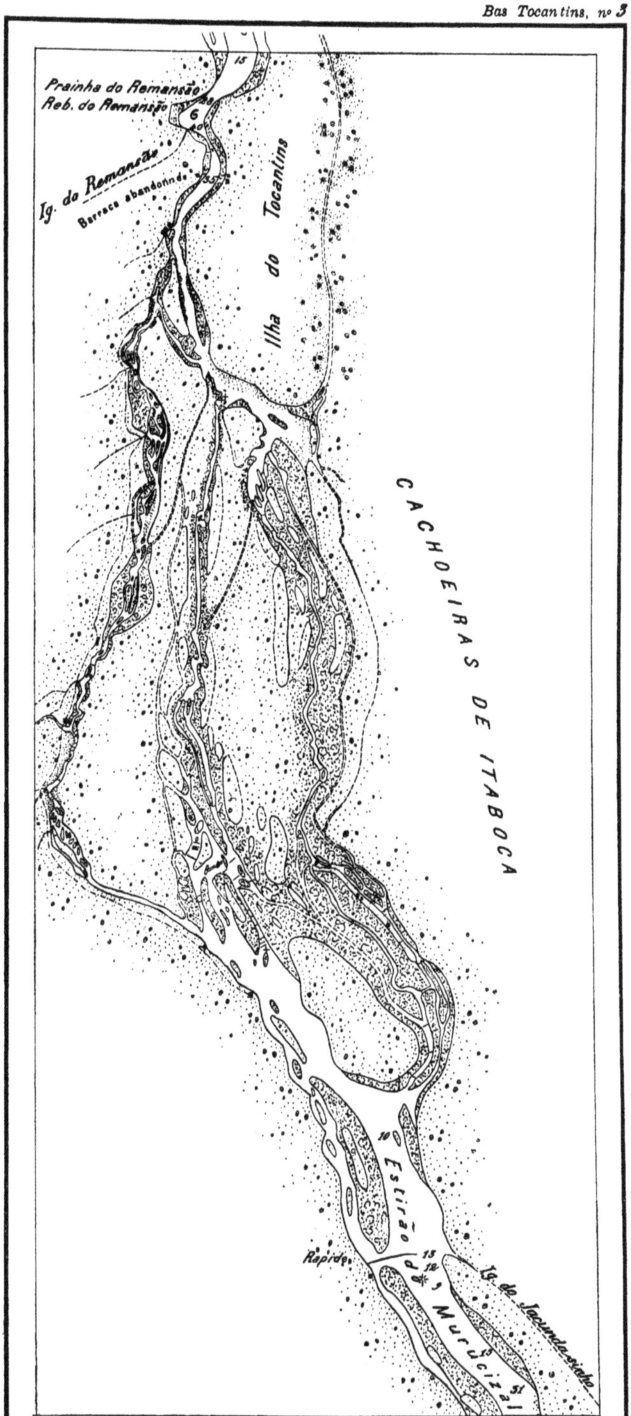

Université Nouvelle — Institut géographique de Bruxelles.

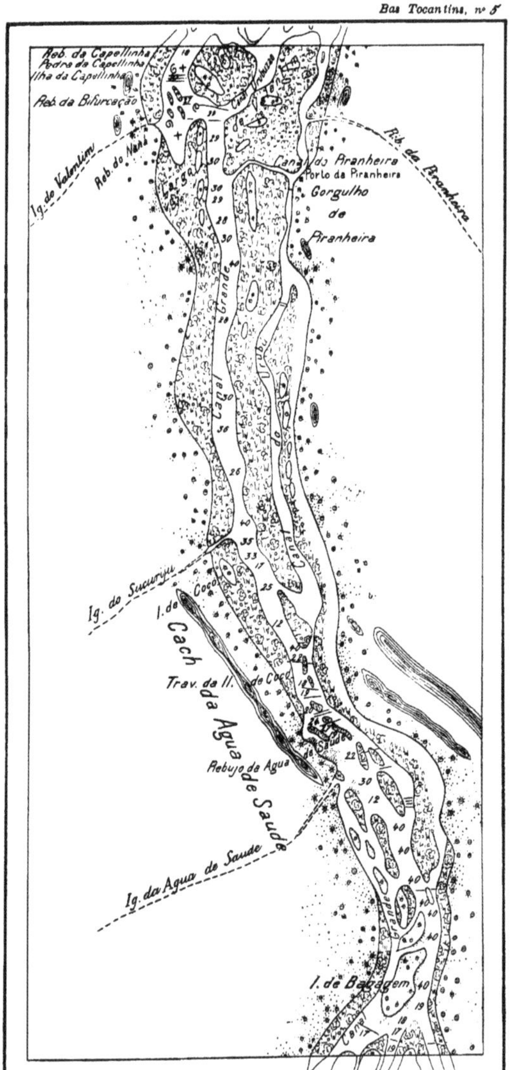

Université Nouvelle — Institut géographique de Bruxelles.

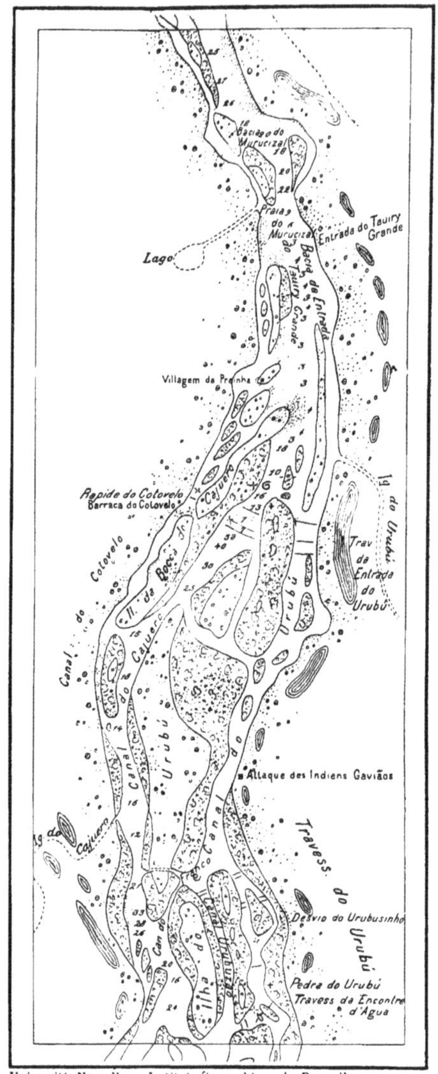

Université Nouvelle — Institut géographique de Bruxelles.

Bas Tocantins, nº 7

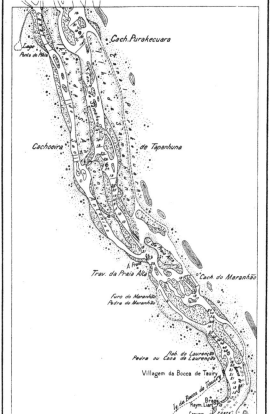

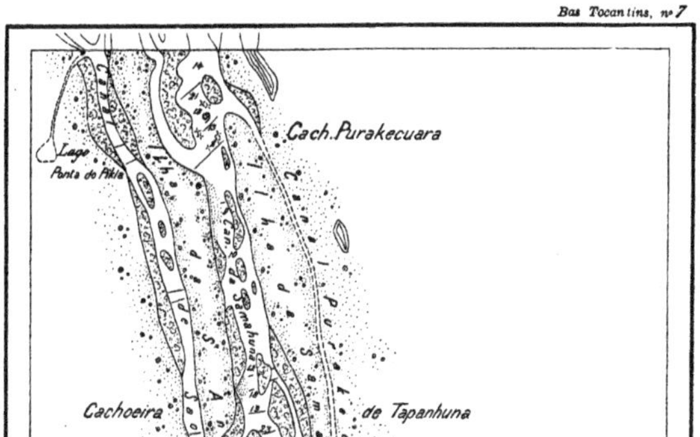

Université Nouvelle — Institut géographique de Bruxelles.

Bas Tocantins, nº 6

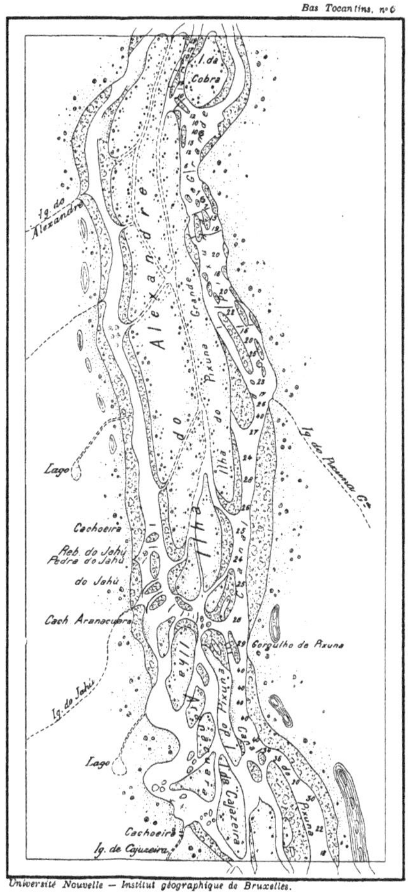

Université Nouvelle — Institut géographique de Bruxelles.

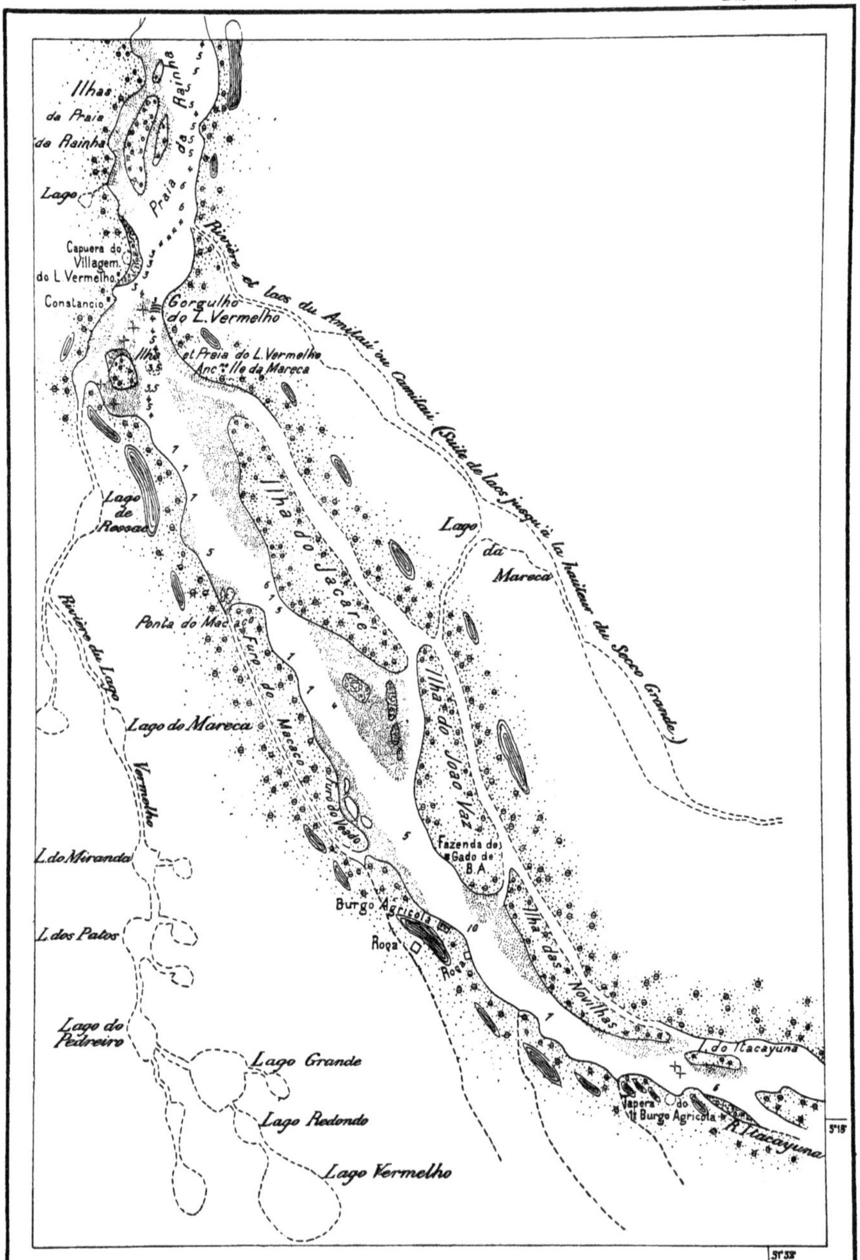
Ilhas
da Praia
da Rainha
Praia da Rainha
Lago
Capuera do
Villagem.
do L. Vermelho
Constancio
Gorgulho
do L. Vermelho
Ilha
et Praia do L. Vermelho
Anc.ne Ile da Mareca
Rivière et lacs du Amitaui ou Camitaui (Suite de lacs jusqu'à la hauteur du Secco Grande.)
Lago
de
Ressaca
Ilha do Jacaré
Lago
da
Mareca
Ponta do Macaco
Furo do Macaco
Rivière du Lago Vermelho
Lago do Mareca
Ilha do João Vaz
Furo do Veado
L. do Miranda
Fazenda de
Gado de
B.A.
Burgo Agricola
Roça
Ilha das Novilhas
L. dos Patos
Lago do
Pedreiro
Lago Grande
L. do Itacayuna
Tapera do
Burgo Agricola
R. Itacayuna
Lago Redondo
Lago Vermelho
5°15'
51°32'

ITACAYUNA PARAUPEBA

Alto Itacayuna

par HENRI COUDREAU

Carte établie par O. COUDREAU

1897

Échelle:.. 1à100 000 0 — 2 kil.

Légende. — Plage.

Rochers. +++

Étendues rocheuses.

Habitations, villages.

Itacayuna, Paraupeba, nº

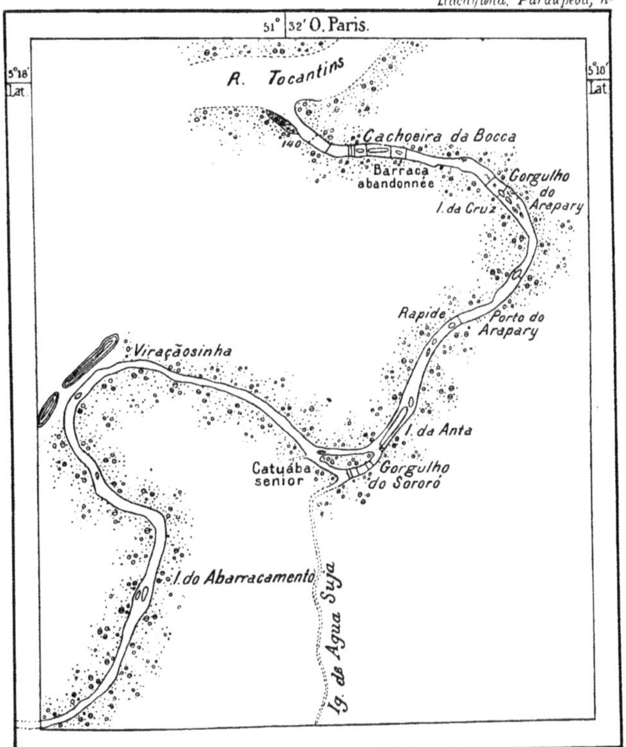

Université Nouvelle. — Institut géographique de Bruxelles

Itacayuna, Paraupeba, nº 2

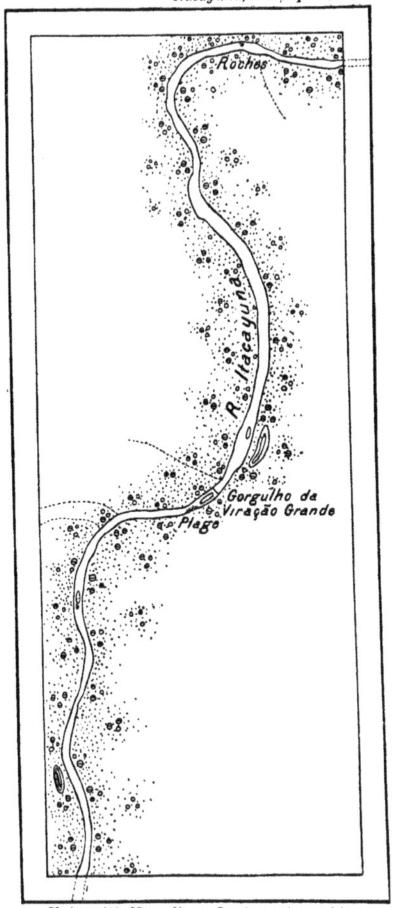

Université Nouvelle. — Institut géographique de Bruxelles.

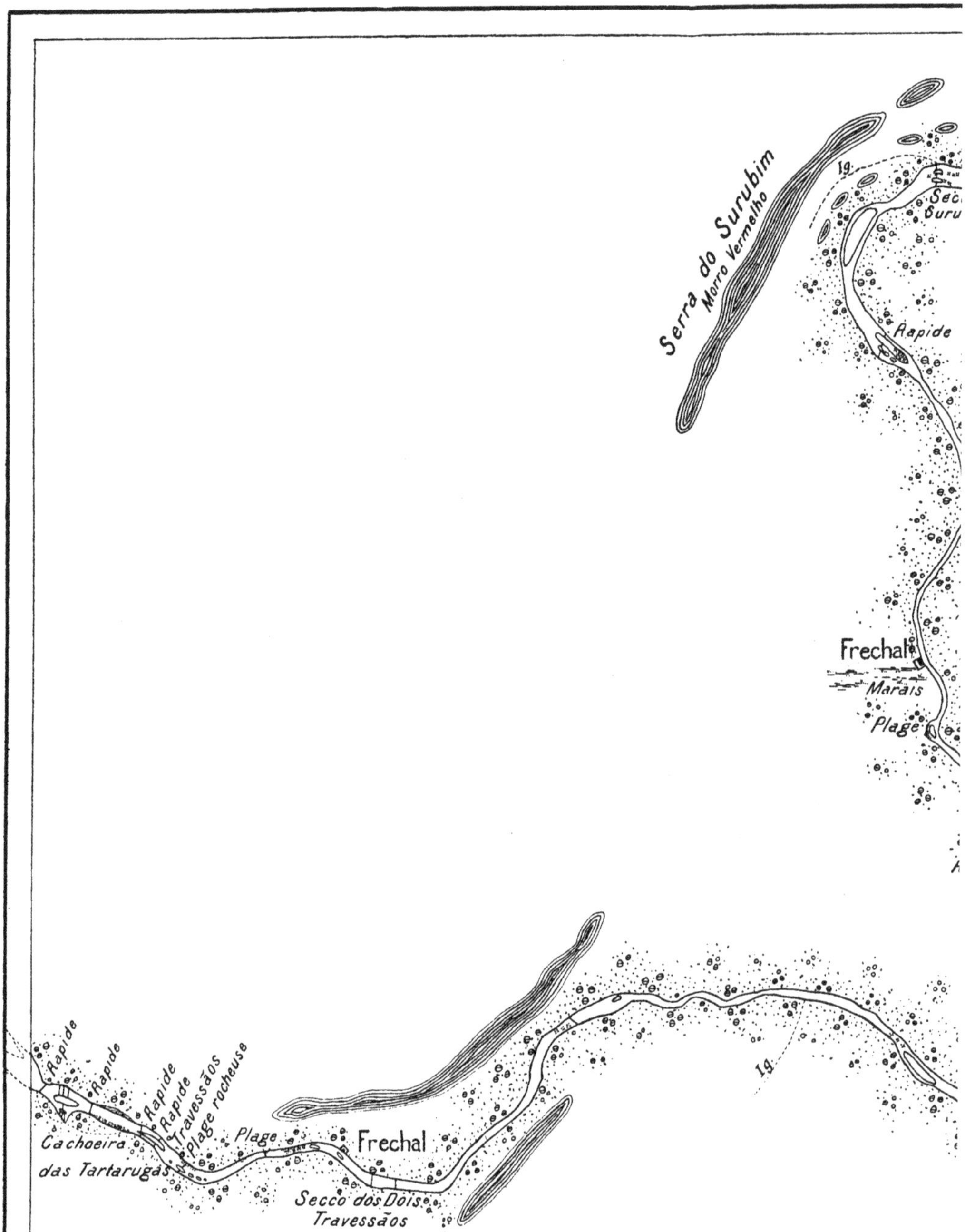

Université Nouvelle. — Institut géographique de Bruxelles.

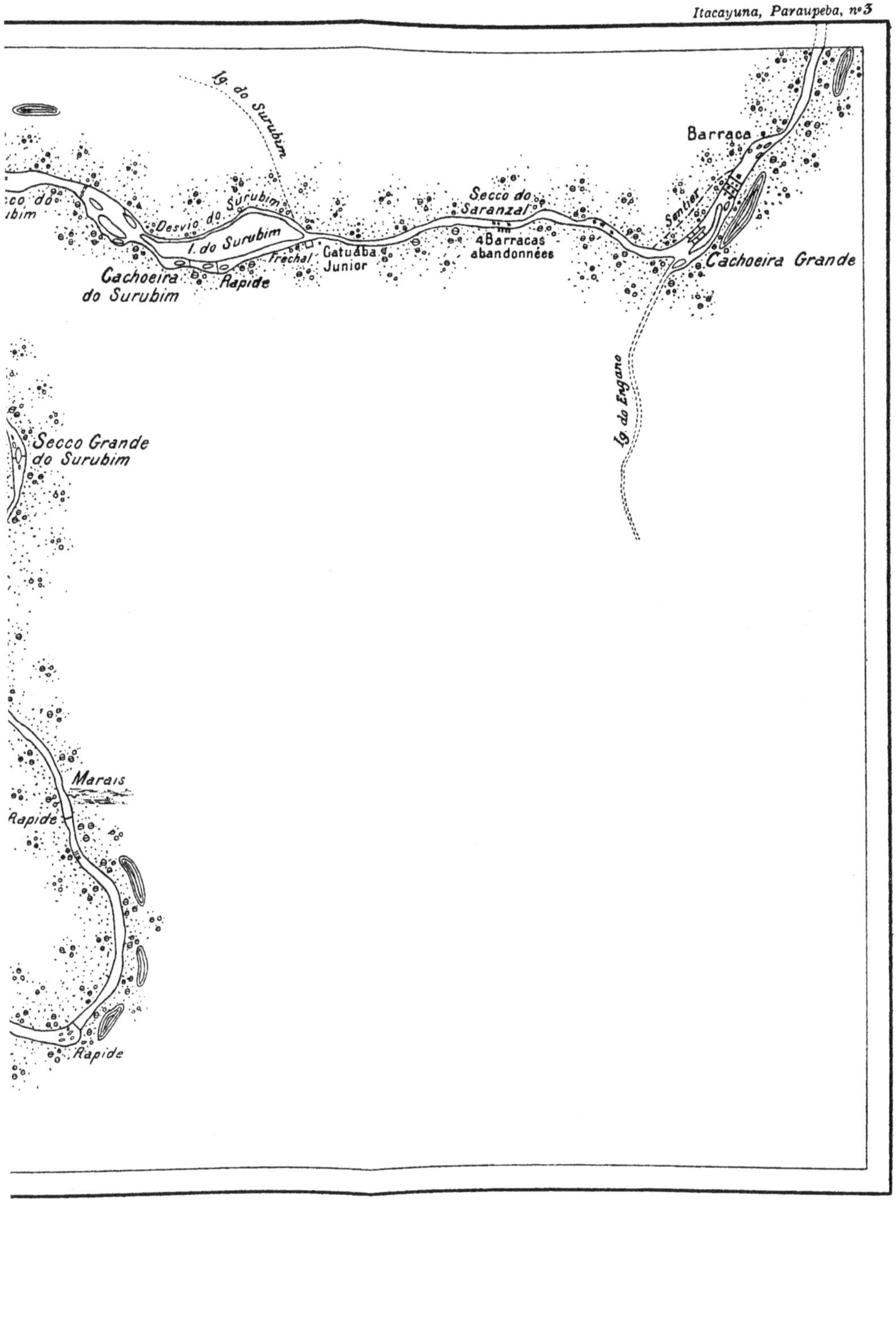
Ig. do Surubim
Barraca
Secco do Surubim
Desvio do Surubim
I. do Surubim
Frechal
Catuaba Junior
Secco do Saranzal
4 Barracas abandonnées
Sentier
Cachoeira Grande
Cachoeira do Surubim
Rapide
Ig. do Engano
Secco Grande do Surubim
Marais
Rapide
Rapide

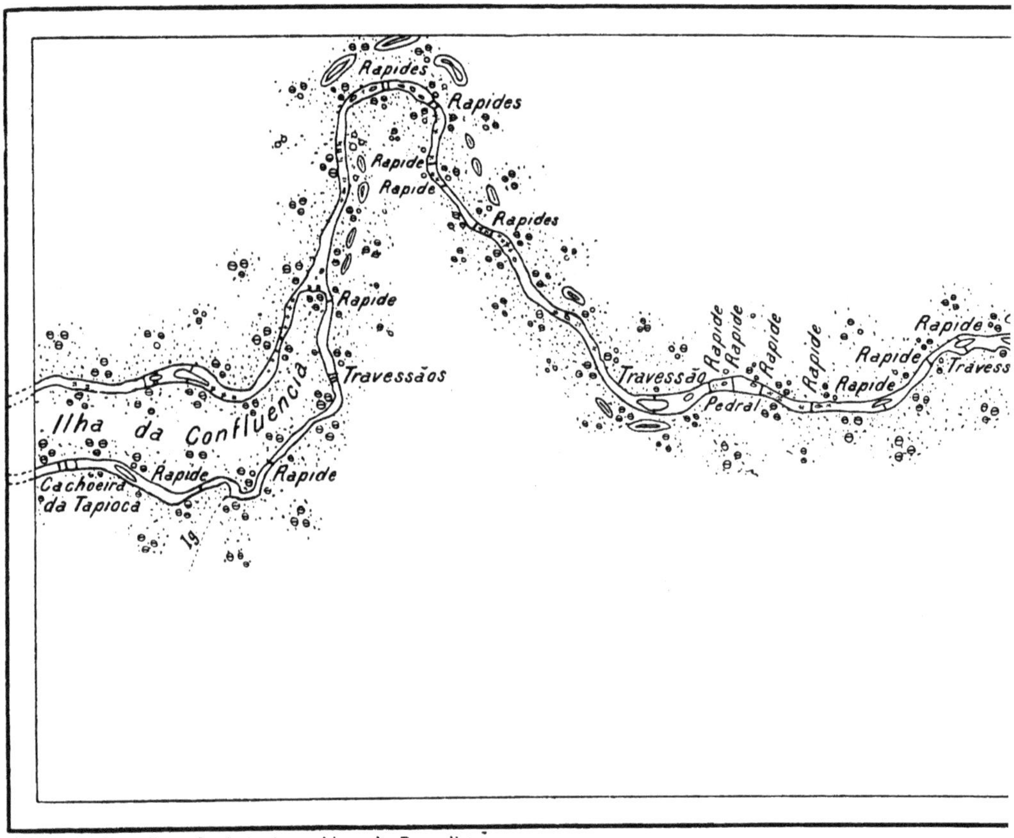

Université Nouvelle. — Institut géographique de Bruxelles.

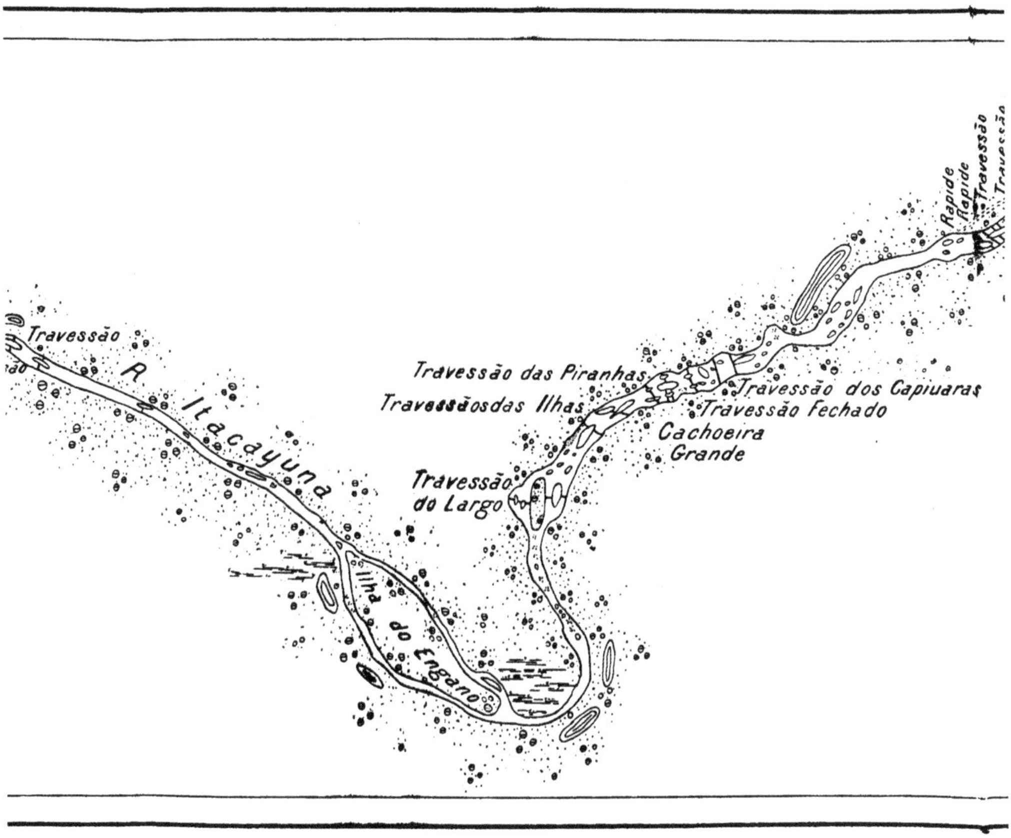
Travessão
R. Itacayuna
Ilha do Engano
Travessão do Largo
Travessão das Piranhas
Travessão das Ilhas
Travessão dos Capiuaras
Travessão Fechado
Cachoeira Grande
Rapide
Rapide
Travessão

Itacayuna, Paraupeba, nº 4

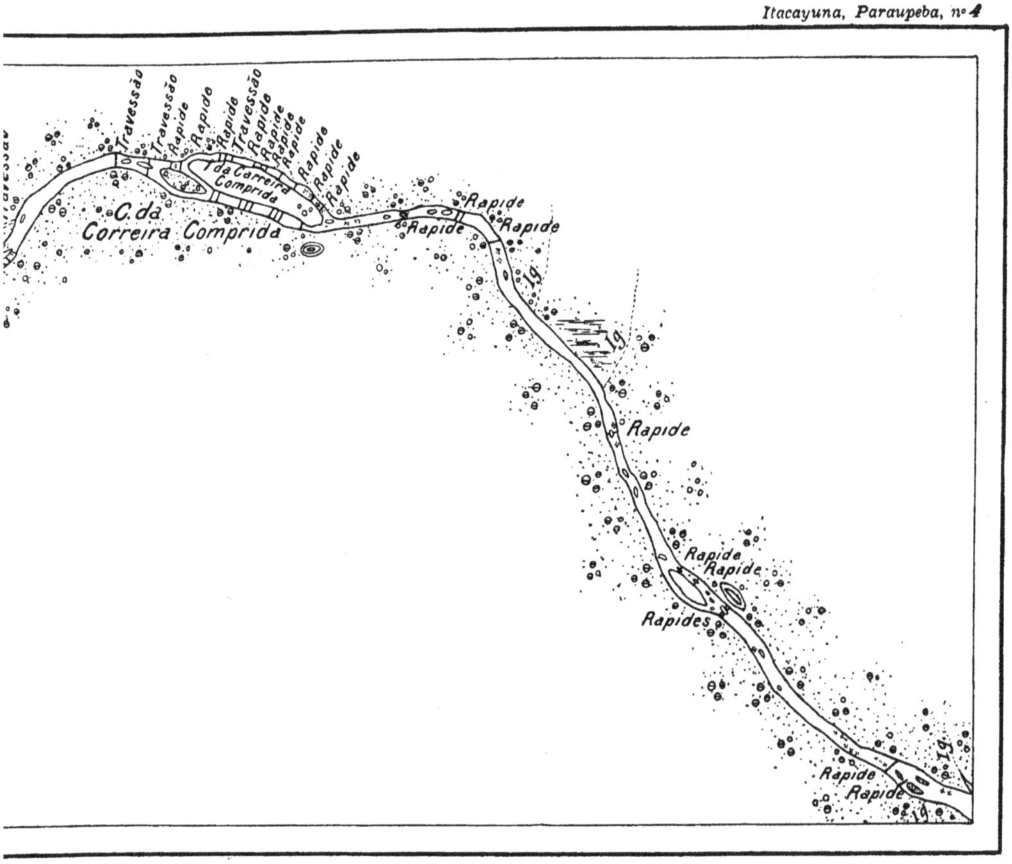

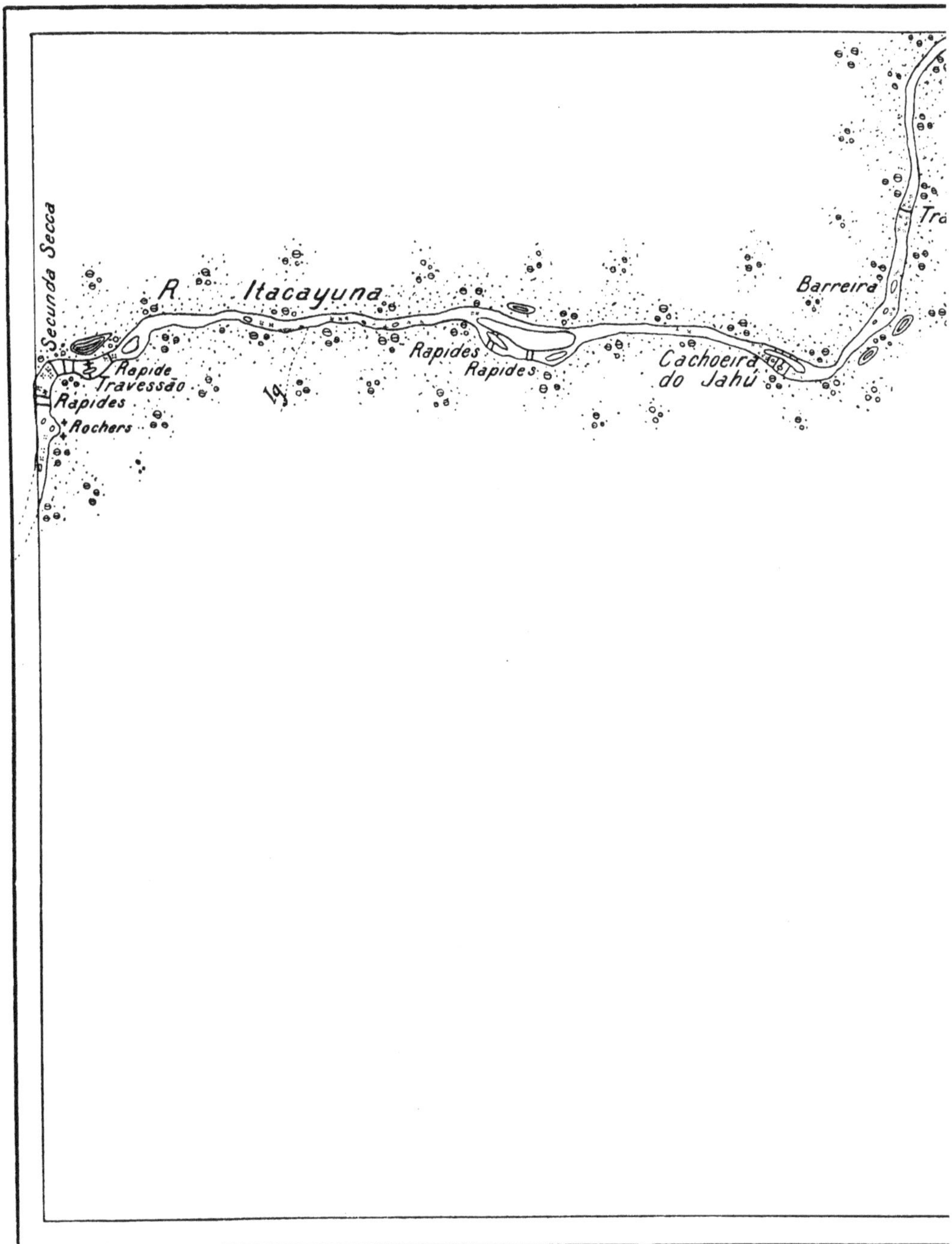

Université Nouvelle. — Institut géographique de Bruxelles.

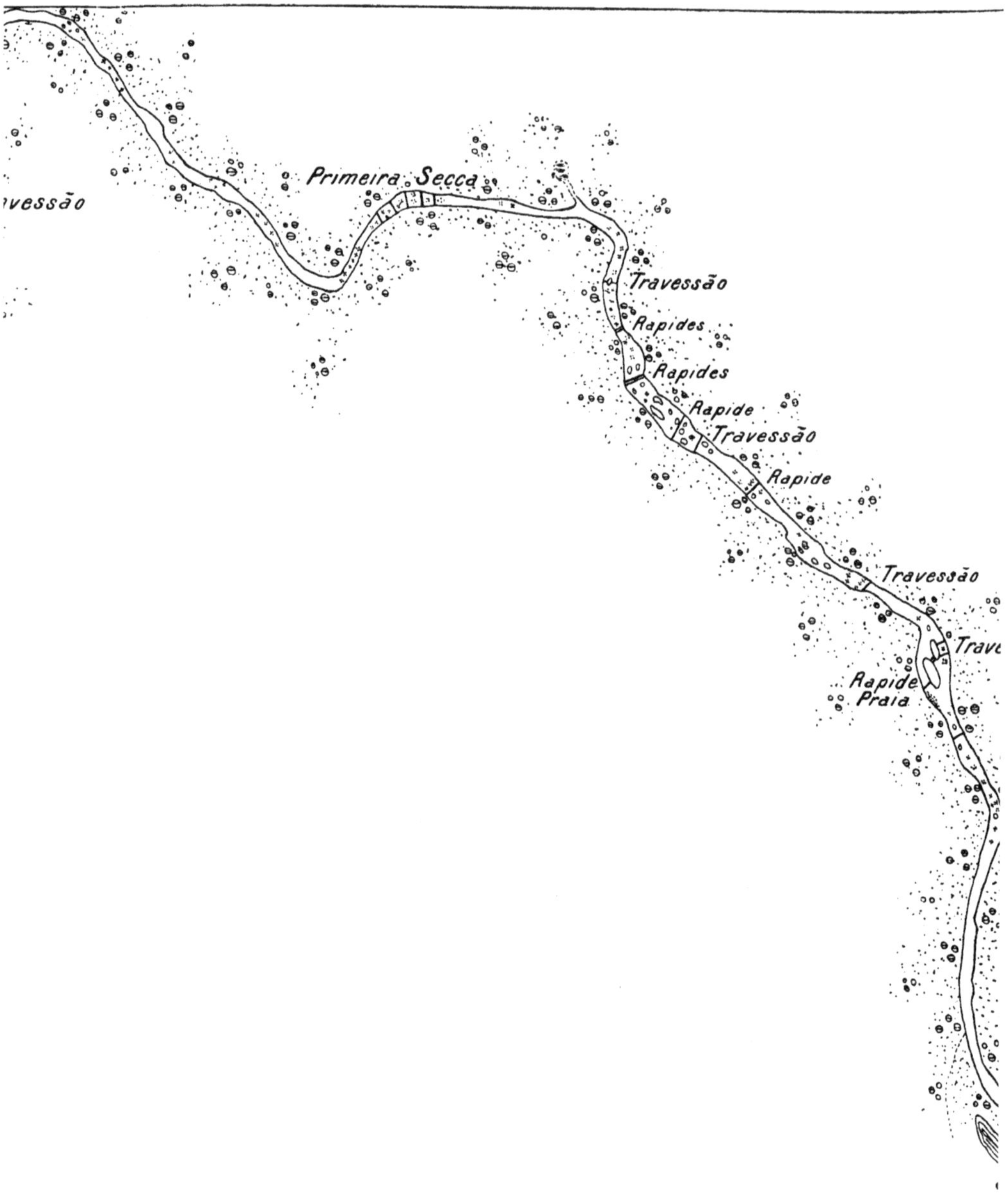
Primeira Secca
Travessão
Rapides
Rapides
Rapide
Travessão
Rapide
Travessão
Rapide
Praia

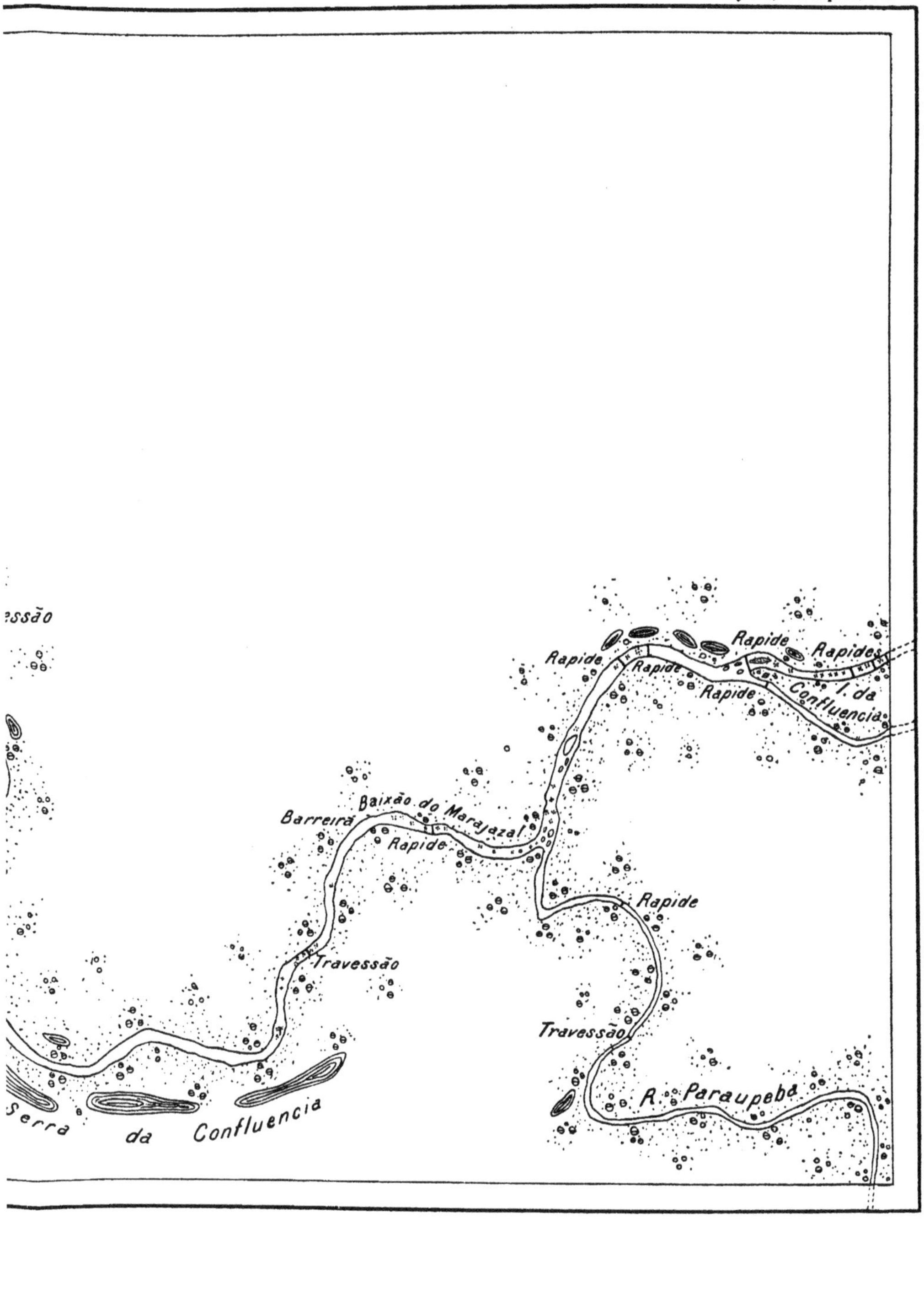

essão
Rapide
Rapide
Rapides
Rapide
Rapide
I. da Confluencia
Baixão do Marajazal
Barreira
Rapide
Rapide
Travessão
Travessão
R. Paraupeba
Serra da Confluencia

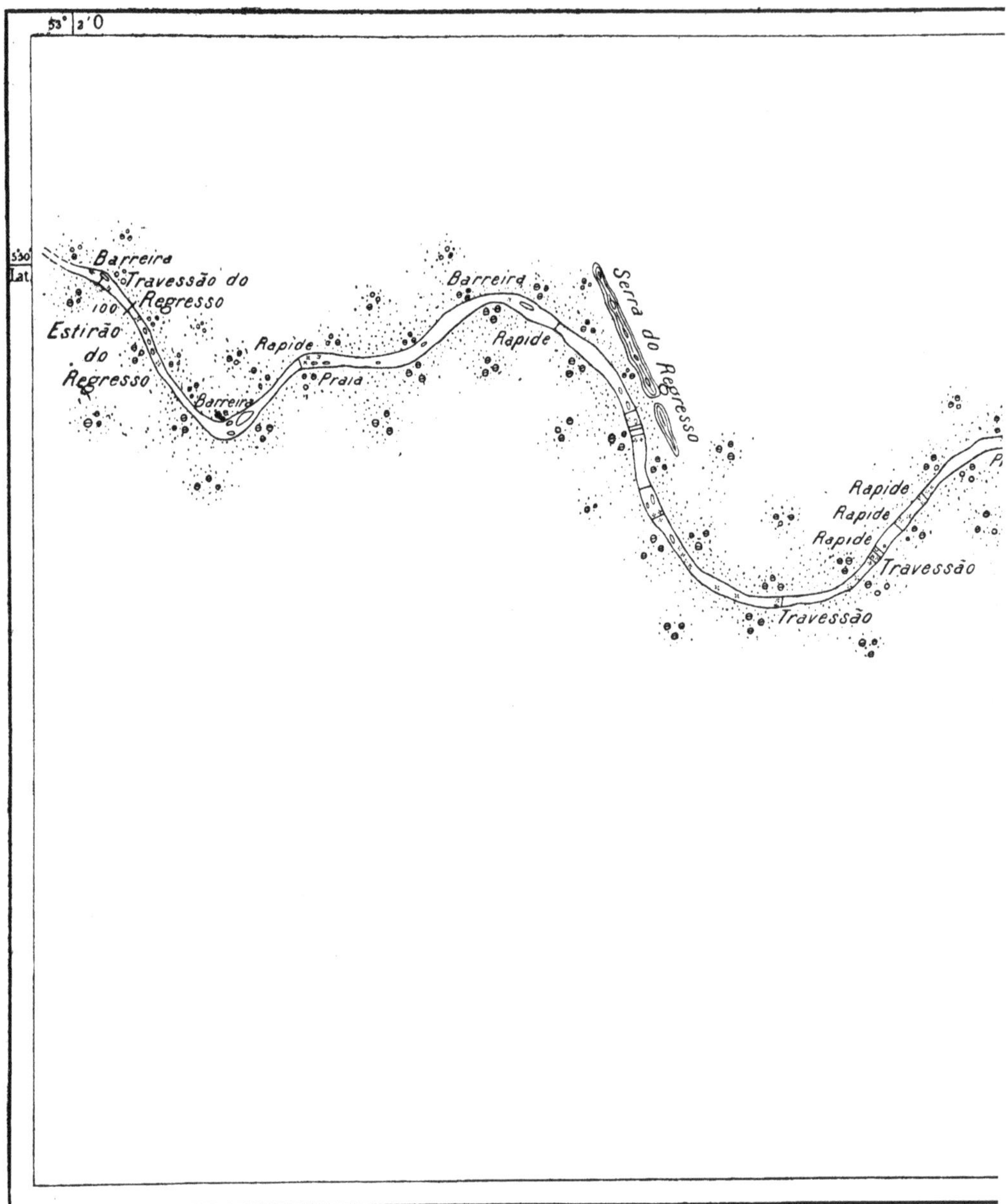

Université Nouvelle. — Institut géographique de Bruxelles

Rapide
Travessão
Marajazal
Rapide
Rapides
Barreira
Barreira
Barreira
R. Alto Itacayuna
Cachoeira do Pavão
Rapide
Barreira
Rapide

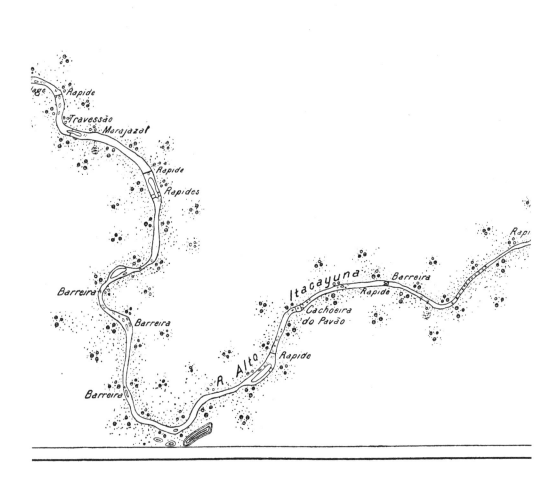

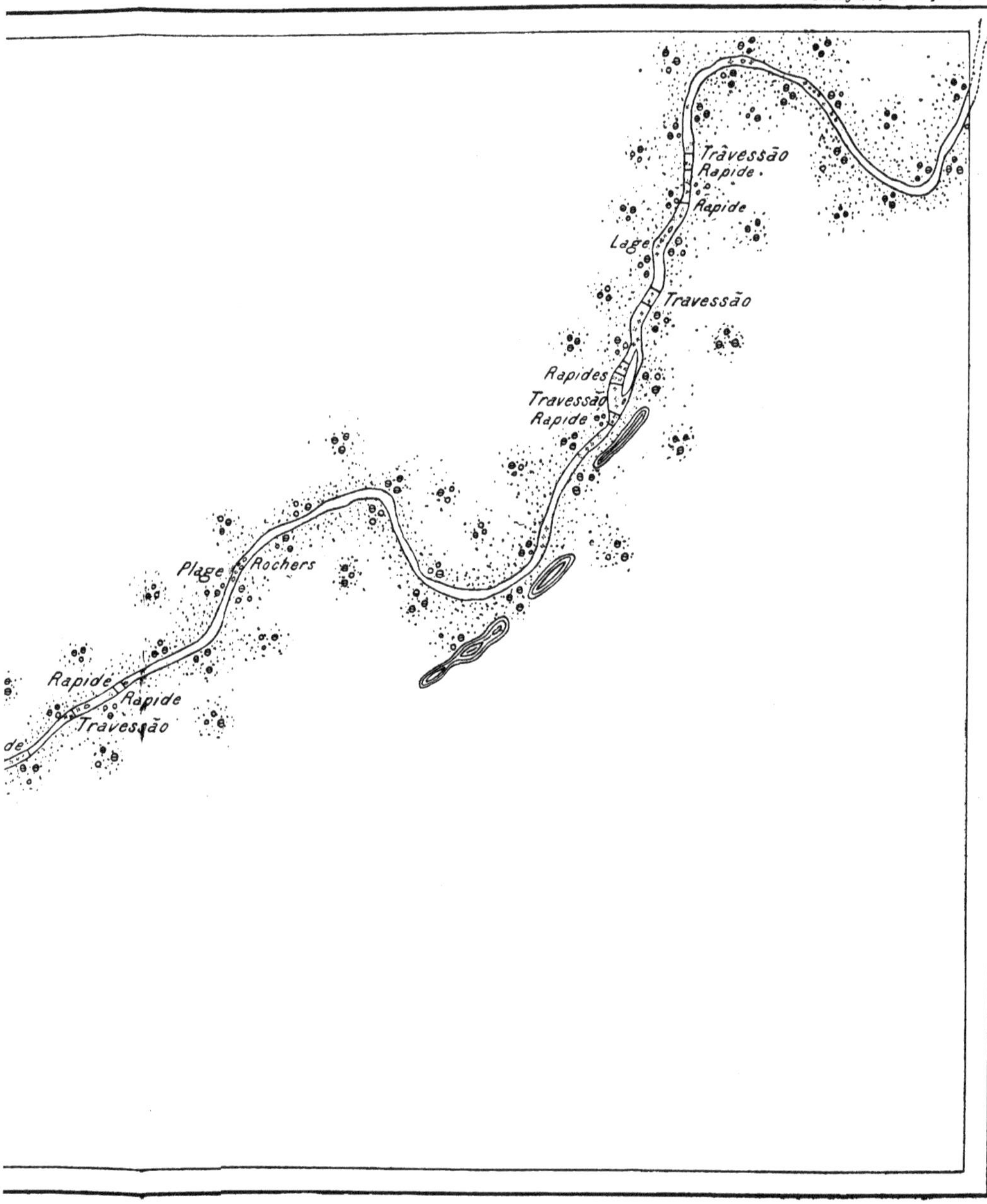
Travessão
Rapide
Rapide
Lage
Travessão
Rapides
Travessão
Rapide
Plage
Rochers
Rapide
Rapide
Travessão
de

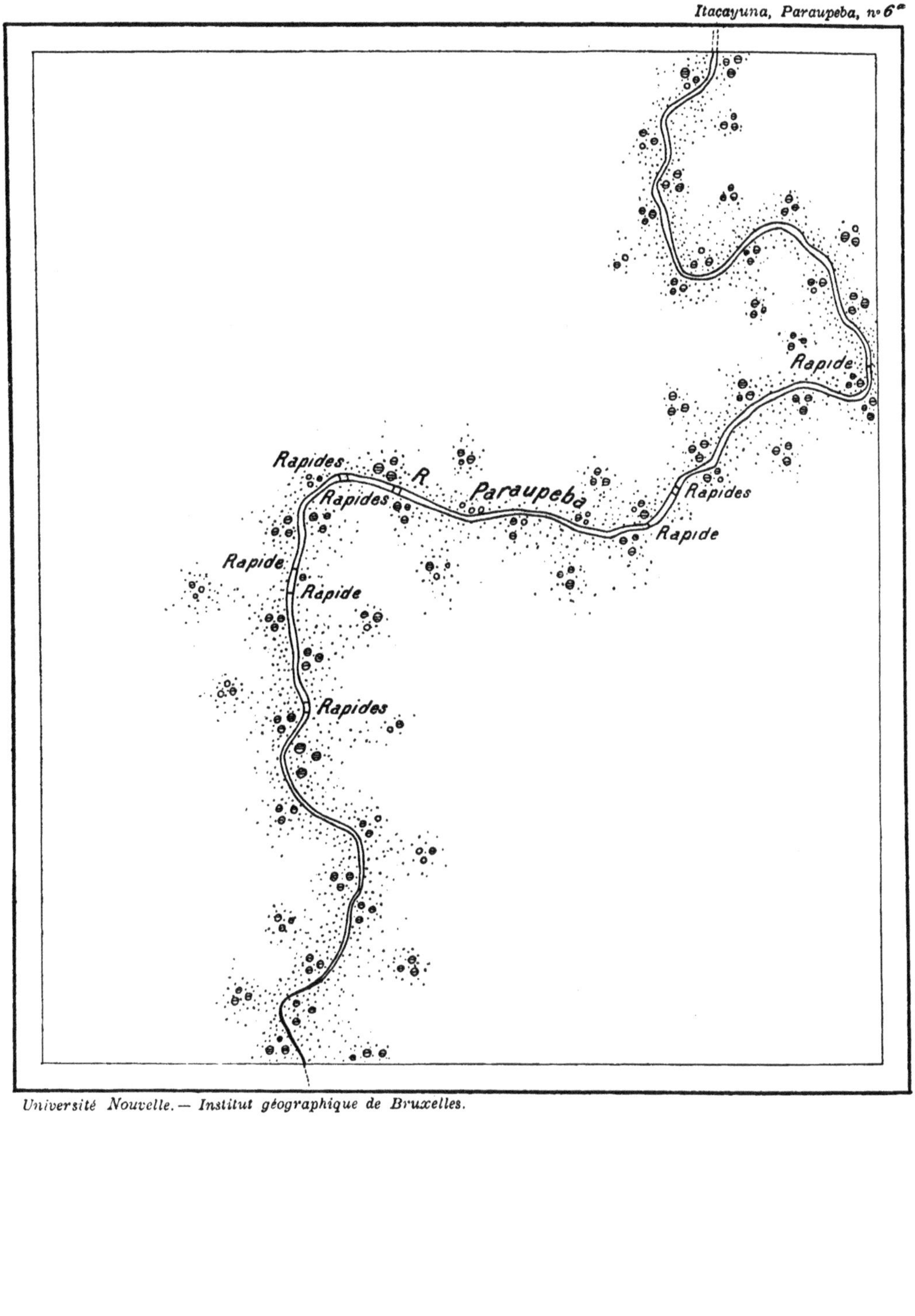
Rapide
Rapides
Rapide
Rapides
R. Paraupeba
Rapides
Rapides
Rapide
Rapide
Rapides

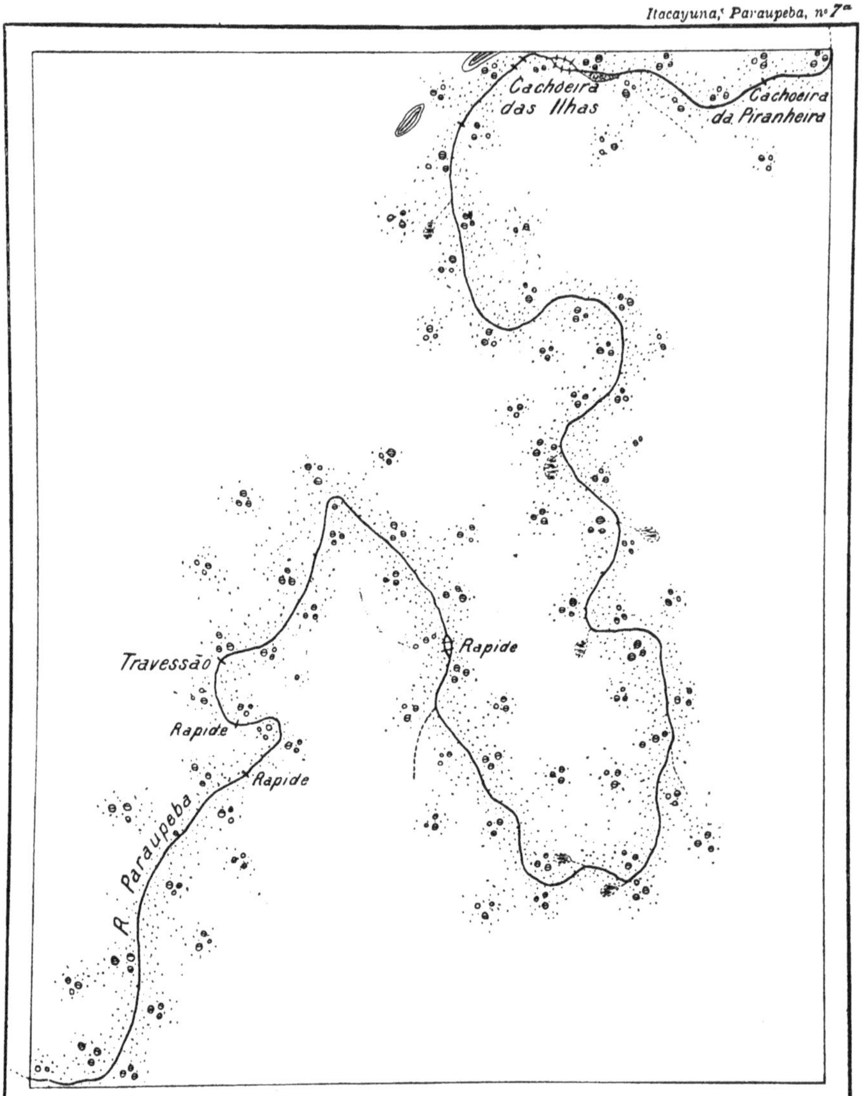

Université Nouvelle. — Institut géographique de Bruxelles.

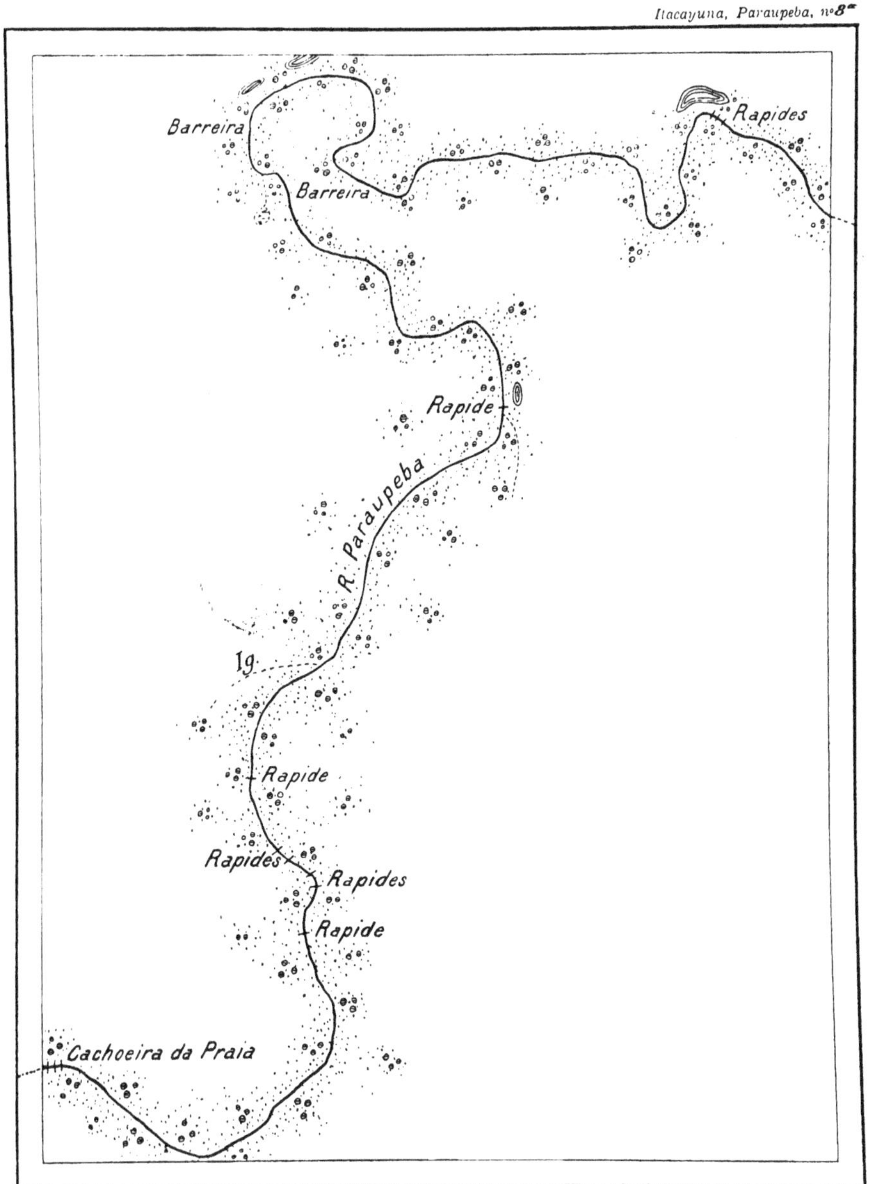
Barreira
Barreira
Rapides
Rapide
R. Paraupeba
Ig.
Rapide
Rapides
Rapides
Rapide
Cachoeira da Praia

Itacayuna, Paraupeba, nº 10ª

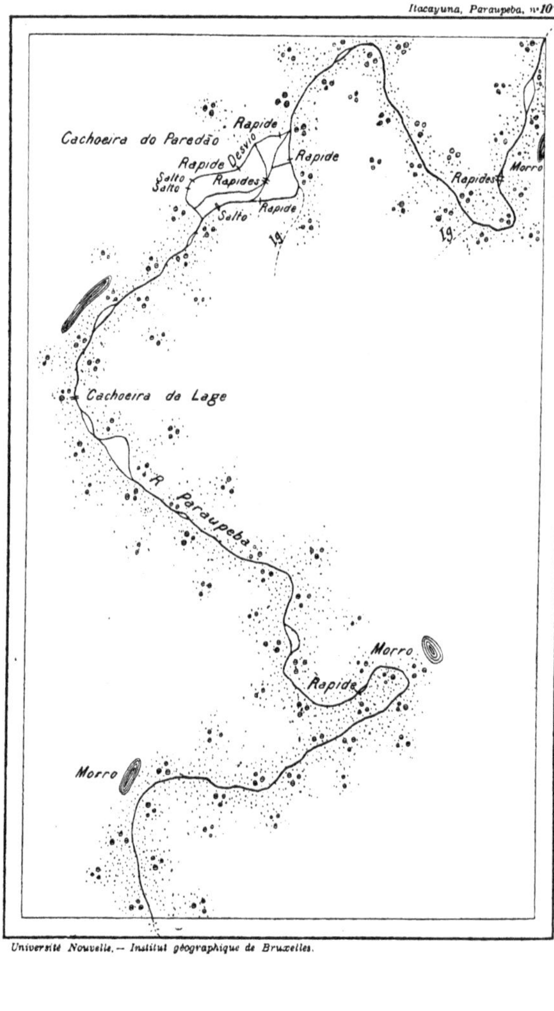

Université Nouvelle. — Institut géographique de Bruxelles.

Itacayuna, Paraupeba, nº 9ª

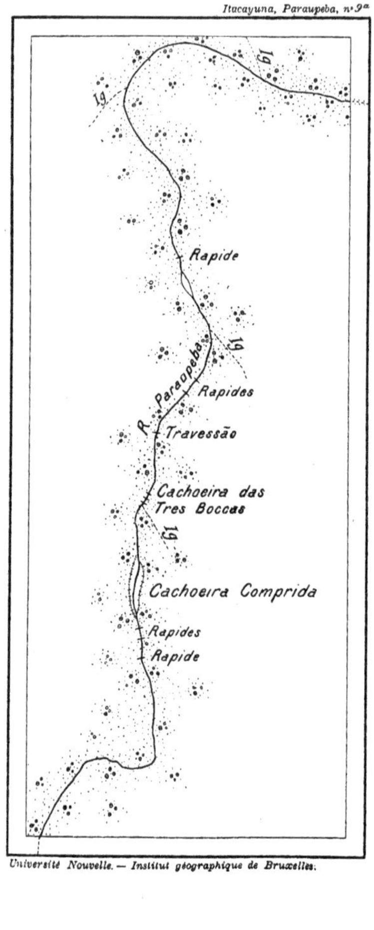

Université Nouvelle. — Institut géographique de Bruxelles.

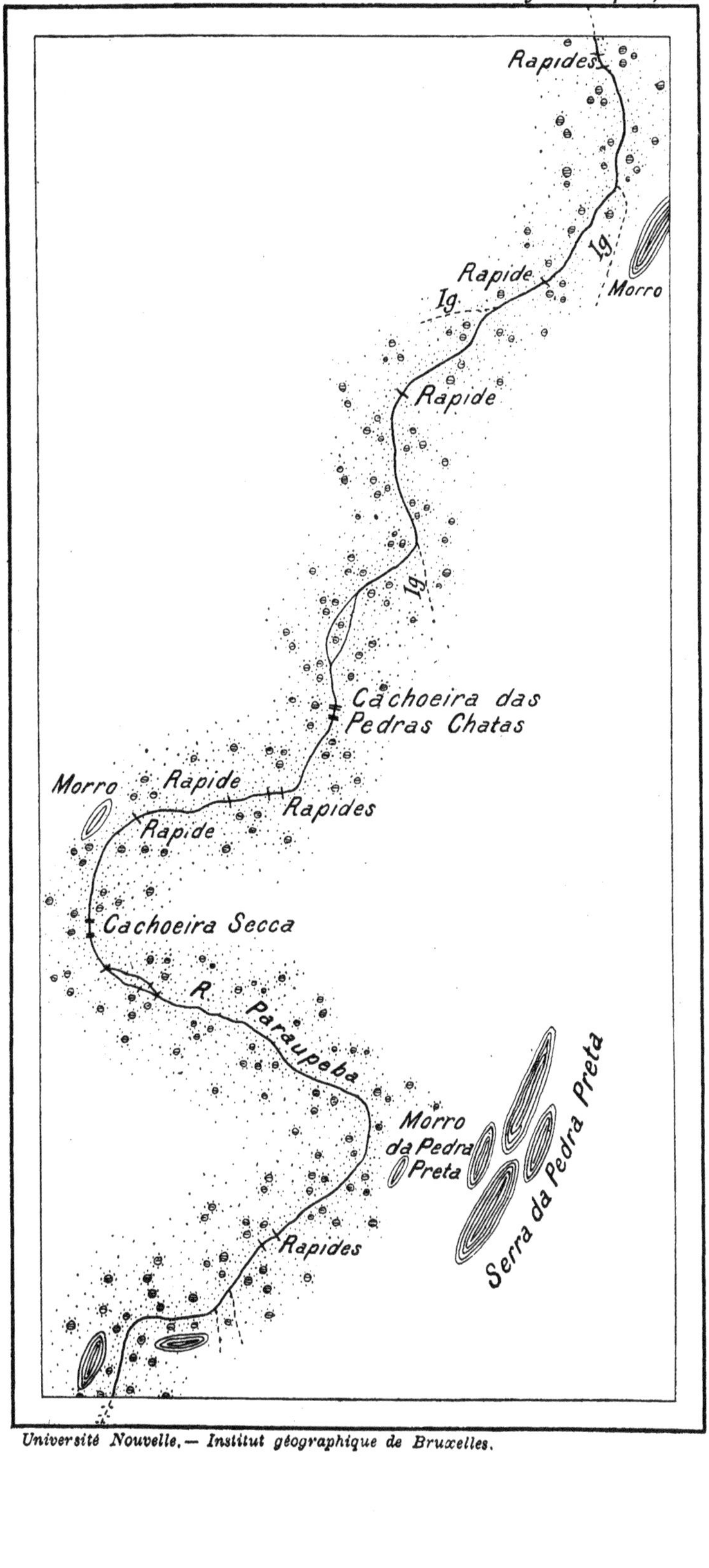

Université Nouvelle. — Institut géographique de Bruxelles.

Itacayuna, Paraupeba, nº 12ª

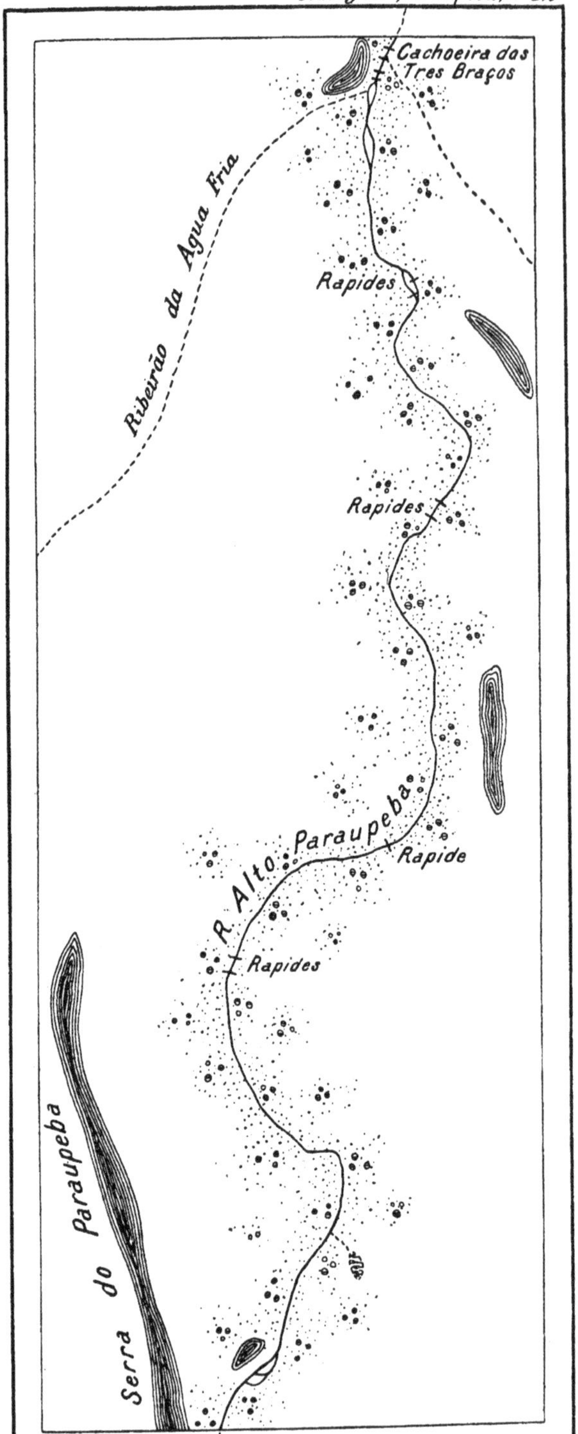

Université Nouvelle. — Institut géographique de Bruxelles

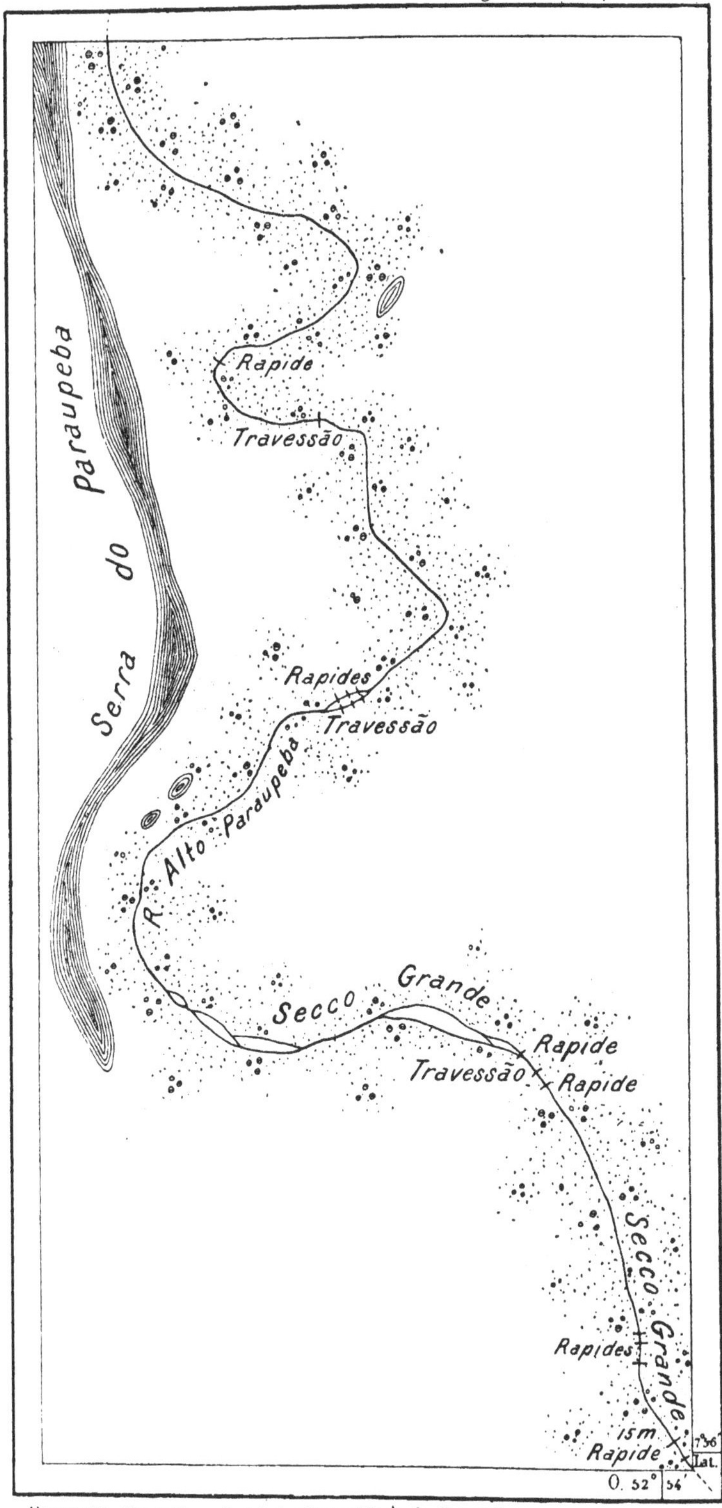

Université Nouvelle. — Institut géographique de Bruxelles.

For EU product safety concerns, contact us at Calle de José Abascal, 56–1°,
28003 Madrid, Spain or eugpsr@cambridge.org.

www.ingramcontent.com/pod-product-compliance
Ingram Content Group UK Ltd.
Pitfield, Milton Keynes, MK11 3LW, UK
UKHW030901150625
459647UK00021B/2687

* 9 7 8 1 1 0 8 0 0 6 9 2 7 *